Der Karajan vom Schillerplatz

PRINZ RUPI

Der Karajan vom Schillerplatz

... und weitere biografische Miniaturen aus Deutschland

ULTRA VIOLETT VERLAG

INHALT

DER KARAJAN VOM SCHILLERPLATZ

Dresden. Deutsche Demokratische Republik. Es ist ein strahlender Montag, die Maisonne tut so, als sei schon Sommer, am liebsten würde man gerne alle Fünfe gerade sein lassen … was etwas schwierig werden könnte, denn der Staat pocht auf Planerfüllung. Ohne Wenn und Aber, streng nach Reglement, ohne Platz für Individualität. Ach, ja.

Noch weiß sie es nicht, die DDR, aber in wenigen Jahren wird sie, wird der »Arbeiter- und Bauernstaat« verschwunden sein. Heute jedoch, zu Wochenbeginn, der Kater des Wochenendes miaut noch in den Köpfen und Gliedern der Werktätigen, heute also stemmen sich ihre Arbeiter und Bauern wie gewohnt gegen den Untergang im Kampf mit dem Klassenfeind … ach, lassen wir für den Moment einfach mal all die kämpferischen Worte und schauen wir zu, wie er aussieht, der Kampf gegen den Zusammenbruch.

Zusammenbruch – ein schönes Stichwort. Kollaps. Verkehrskollaps. Rund um das »Blaue Wunder«, die weltberühmte Dresdner Brücke über die Elbe, staut sich der Verkehr, herrscht hektische Betriebsamkeit. An ihrem westlichen Endpunkt, dem Schillerplatz, treffen die Verbindungsstraßen nach Osten, Westen und Süden zusammen, außerdem die zum Elbufer führende Naumannstraße. Und auch noch eine Tram, eine Straßenbahn, bahnt sich ihren Weg! Schillerplatz, Flaschenhals, furchtbarer Knotenpunkt, neuralgische Stelle. Geeignet, jeden Autofahrerpuls hochzutreiben, weil's manchmal nur mühsam weitergeht.

Wartburg, Trabant, Lada, Barkas, MZ und Simson knattern wie an jedem Morgen um die Wette. Wer sich durch dieses Nadelöhr am »Schilli«, zwischen Loschwitz und Blasewitz, pressen muss, der benötigt ebenso viel Geduld wie Nervenstärke.

Ein Moskwitsch stößt über die Elbbrücke Richtung Schillerplatz. Die Fahrerin des schnittigen Viertürers mit den angedeuteten Heckflossen wirkt nervös. Von links und rechts drängen fahrbare Untersätze auf die Gabelung. Außerdem überqueren Fußgänger die Straßen. Sie schluckt. Die Verkehrslage sieht unübersichtlich aus. Wer hat hier eigentlich Vorfahrt? Zu allem Übel rollt auch noch eine Straßenbahn ins Bild.

Ihre roten Fingernägel malträtieren das Lenkrad. Schweißperlen rinnen über ihre Stirn. Nur nicht die Nerven verlieren! Doch wozu besitzt ihr *Rostquietsch* 75 Pferdestärken? Sie könnte locker vor der Elektrischen über die Kreuzung zischen. Augen zu und durch! Die Automobilistin schließt die Augenlider, tritt mutig aufs Gaspedal. Der Viertakter aus dem Moskauer Automobilwerk KIM schießt nach vorn. Bahn frei! Der Platz gehört ihr …

Es kracht, es klirrt! – Sie kreischt.

Was ist passiert? Als sie die Augen wieder öffnet, blickt sie in ein Gesicht, das auf ihrer Windschutzscheibe klebt und sie fassungslos anstarrt. Sie beißt sich auf die Lippen. Was ist denn das? – Ein Rieseninsekt im weißen Mantel klammert sich mit beiden Armen an ihre Motorhaube. Das »Insekt« brüllt, das Autoradio dudelt. »Manchmal ist mir kalt und manchmal heiß, manchmal weiß ich nicht mehr, was ich weiß«, scheppert es aus dem Radio des Moskwitsch. Die Gruppe »Karat« singt ihren Hit von den sieben Brücken. Und noch immer rollt ihr Fahrzeug über die Kreuzung Richtung Hauswand.

Panisch betätigt die Frau den Scheibenwischer. Der schrappt sinnlos hin und her. Die Gestalt lässt sich damit leider nicht wegwischen. Endlich entdeckt sie das Bremspedal, vollzieht eine Vollbremsung. Stöhnend bricht der Verkehr um sie herum zusammen. Auf dem Kühler ihrer *Soljankaschüssel* ächzt noch immer dieser Mann. – Himmel! Sie hat einen Menschen angefahren!

Den Kopf der Person, die sie erwischt hat, ziert eine weiße Mütze mit grünem Schirm. Über grauen Biesen blitzt ein silbernes Eichengespinst um eine Hammer- und Zirkel-Kokarde im Ährenkranz. Heiß und kalt jagt es ihr den Rücken hinunter. Es ist ein Volkspolizist. Sie hat einen *Vopo* angefahren! Alles, alles, doch nur das nicht.

Der Wagen steht, dicke Tränen schießen ihr in die Augen. Sie ist wie gelähmt. Derweil rutscht der Uniformierte von der Motorhaube. Er rückt Mantel, Mütze und Krawatte zurecht und baut sich vor ihr auf. Die Staatsgewalt schaut zum Fenster hinein. Hektisch kurbelt sie die Scheibe runter. Der Polizist betrachtet das Häufchen Elend am Lenkrad.

»Es ist nett von Ihnen, dass Sie mich ein Stück mitnehmen wollen«, sagt der Verkehrspolizist. »Aber ich muss hier noch ein paar Stunden Dienst tun.« Er deutet mit seinem Signalstab auf das Verkehrschaos um sie herum. Entnervte Autofahrer untermalen das Durcheinander mit einem vielstimmigen Hupkonzert.

Die Fahrzeugführerin schwimmt in Tränen.

»Es tut mir leid«, stammelt sie, außerstande, die Situation zu erfassen. »Sind Sie verletzt?«, fragt sie den Uniformierten.

Der schüttelt verneinend den Kopf. »Zum Glück ist alles gut gegangen, Bürgerin. Aber Sie sollten sich mit den Verkehrsregeln besser vertraut machen.«

»Entschuldigung. Entschuldigung. Tut mir total leid«, stottert die Frau im Moskwitsch. Eingeschüchtert starrt sie auf die Staatsgewalt im weißen Mantel, die über ihrem Schicksal schwebt. »Ich habe Sie wirklich nicht gesehen, ich wollte einfach nur die Kreuzung überqueren.«

Der Wachtmeister, ein dunkelhaariger Mann mit Schnauzbart Mitte dreißig, bleibt betont höflich. »Exakt aus diesem Grunde bin ich täglich hier. Ohne Verkehrsregelung stehen am Schillerplatz alle Räder still.«

Die Unglücksfahrerin erwacht aus ihrer Starre, tupft ihre Augen. In ihrer Handtasche kramt sie nach Personalpapieren. Stempelt der Ordnungshüter ihren Führerschein oder macht er sie gleich zur Fußgängerin? Der volkseigene Bußgeldkatalog hält harte Strafen in petto. »Orientierungswerte für einzuleitende Maßnahmen bei Verkehrsdelikten« heißt die geheimnisumwitterte Liste, die jedem Vopo das staatliche Maß von Sanktionen an die Hand gibt. Verkehrsteilnehmer fürchten sie wie der Teufel das Weihwasser. Doch die Frau in dem sowjetischen Viertakter hat heute mehr Glück, als es in der DDR bei Delikten gegen die Vorschriften an der Tagesordnung ist.

»Sind Sie mit zehn Mark Ordnungsgeld einverstanden?«, fragt der Mann, der eben noch ihren Kühler zierte.

Zehn Mark? Nur zehn Mark? Kommt sie wirklich derart preiswert davon? Sie wühlt in ihrer Tasche, findet die Geldbörse. In Windeseile zieht sie eine zerknautschte Note mit dem Bildnis von Clara Zetkin hervor.

»Bitteschön, Herr Wachtmeister«, stammelt sie und überreicht ihm die Banknote. »Und danke für Ihre Nachsicht. Vielen, vielen Dank!«

Der Ordnungshüter in Weiß händigt ihr eine Quittung aus. Ohne Belehrung will er sie nicht weiterfahren lassen.

»Siehst du Bauch und Rücken, musst du auf die Bremse drücken. Siehst du sein Profil, gib Gas – aber nicht zu viel«, zitiert er. »Merken Sie sich das!«

Wie im Reflex antwortet die Unfallfahrerin mit dem jedem DDR-Kind bekannten Schlusssatz aus der TV-Serie »Verkehrskompass«: »Das will ich nun auch ganz gewiss nicht wieder tun!«

Der Volkspolizist legt grüßend die rechte Hand an die Schirmmütze. Er geht zurück zu seinem Platz auf der Mitte der Kreuzung. Weithin sichtbar steht er in seinem in der Sonne strahlenden Wettermantel inmitten des Getümmels. Er hebt den Signalstab. Mit gezielten Zeichen und Gesten entwirrt er das Blechknäuel auf dem Platz. Souverän ordnet und dirigiert er die Fahrzeuge. Er wirbelt den zebrafarbenen Stab, er zeigt, winkt und tänzelt dabei geschickt zwischen den Autos umher. Der Mann versieht seinen Dienst mit unübersehbarer Hingabe und erstaunlicher Eleganz.

Bald fließt der Fahrzeugstrom wieder in geordneten Bahnen. Anerkennend winken Autofahrer, die das berüchtigte Nadelöhr passieren, dem Verkehrslenker zu. Günther Jacob, der Diensthabende am Schillerplatz, hat die Situation voll im Griff.

***

Im sozialistischen Deutschland wird der 1. Juli seit Anfang der 1960er Jahre als »Tag der Volkspolizei« gefeiert. Kinder beschenken zu diesem Anlass Polizisten ihres Wohngebietes mit Blumen und singen fröhliche Lieder wie »Schi – Scha – Schutzpolizei«.

Auch am Dresdner Schillerplatz wird dieses Ritual vollzogen. Jungpioniere mit blauem Halstuch besuchen den Volkspolizisten, der hier täglich von früh bis spät den Verkehr regelt. Er sorgt dafür, dass sie auf dem Weg zur Schule sicher die Straße überqueren können. Hauptwachtmeister Günther Jacob ist zum festen Bestandteil des Straßenbildes geworden. Ihm gilt der Gruß der Erstklässler. Sie überreichen ihm rote Nelken, danken ihm damit für seinen unermüdlichen Einsatz. Dazu rezitieren sie Verse, die sie im Rahmen der Verkehrserziehung gelernt haben.

Beeindruckt schauen sie zu, wie der Uniformierte scheinbar mühelos das um ihn herum brodelnde Verkehrschaos bändigt. Mit seinem Reglerstab lotst er Autos, Busse, Motorräder, Radfahrer, Straßenbahn, Fußgänger über die unübersichtliche Kreuzung. Jedem Verkehrsteilnehmer gibt er individuelle Zeichen, winkt, stoppt, ordnet, lenkt. Den Passanten ist der Mann bekannt, sie respektieren, sie mögen ihn. Manche sehen in ihm mehr als einen Verkehrspolizisten: Der Mann besitzt die Qualität eines Entertainers, er verfügt über die Fähigkeiten eines Showmasters.

Ohne den Regler vom Dienst stünden auf dem »Schilli« alle Räder still. Doch das Besondere, das Unvergleichliche an Volkspolizist Günther Jacob ist sein persönlicher Stil. Wie ein Balletttänzer bewegt er sich im Gebrodel. Mit seinem Stab hantiert er elegant, als dirigiere er die Sächsische Staatskapelle Dresden. Mit unnachahmlicher Eleganz arrangiert er das Gewirr. Jedermann tritt er zuvorkommend gegenüber. Seine unpreußische Verhaltensweise verleiht dem Ordnungshüter Anerkennung. Jacob ist alles andere als der volksferne Hardliner, den viele seiner Kollegen bevorzugt spielen.

Fußgänger bleiben stehen, um den virtuosen Taktstockschwinger bei seiner Arbeit zu beobachten. Wer an diesem Ort den Verkehr regelt, muss sämtliche sieben Sinne nutzen, um alles überblicken und in Fluss halten zu können.

Jacobs Ruf hat sich inzwischen derart verbreitet, dass er als heimliche Touristenattraktion gilt. Seine Auftritte ziehen Zuschauer aus der Umgebung an. So kommen an diesem »Tag der Volkspolizei« nicht nur Kinder, um ihn zu beglückwünschen. Erwachsene bedanken sich bei dem Regler und klopfen ihm anerkennend auf die Schulter. Ein Arzt aus der Nachbarschaft begrüßt ihn schmunzelnd als »unseren Karajan vom Schillerplatz«.

Karajan vom Schillerplatz?

Der Regler freut sich über den Zuspruch, den er aus der Bevölkerung erhält. Er übt seinen Beruf mit Lust und

Liebe aus, freundliche Worte wärmen sein Herz. Doch als er an diesem Abend heimkommt, erinnert er sich an die Formulierung des Mediziners. – *Karajan?* – Den Namen hat Jacob nie gehört. Was soll das bedeuten? Als er am Tag darauf im Dienstgebäude Blasewitz Kollegen fragt, können die mit der Bezeichnung ebenfalls wenig anfangen. »Karajan?« – »Nie gehört.« – Ein Schimpfwort wie »Bulle« ist es jedenfalls nicht!

Es dauert eine Weile, bis Günther Jacob erstmals von dem österreichischen Dirigenten Herbert von Karajan erfährt. Die klassische Musik ist nicht sein Ding, er bevorzugt die leichten Weisen der Volksmusik. Opernhaus wie Konzertsaal kennt er nur von außen. Eines Tages erfährt er letztlich, dass er mit einem der bekanntesten und bedeutendsten Dirigenten des 20. Jahrhunderts verglichen wird. Das schmeichelt ihm durchaus. Denn schließlich fühlt er sich wie ein Kapellmeister, der nach vorgegebener Partitur individuelle Instrumentalisten zu einem großen Ganzen ordnet und in Bewegung setzt.

Der Ehrentitel *Karajan vom Schillerplatz* wird bald zum feststehenden Begriff bei den Dresdnern und bei vielen Verkehrsteilnehmern aus der Umgebung. Günther Jacob verkörpert eine Institution. Der Wachtmeister der Verkehrsbereitschaft dirigiert von 1979 bis 1994 täglich von morgens sieben bis abends um siebzehn Uhr seine »Sinfonie für Barkas, Wartburg, Trabbi und Lada«. Fünfzehn lange Jahre leistet er bei Wind und Wetter seine Pflicht und schenkt dabei jedem ein herzliches Wort. Kein Regler der DDR verrichtet über einen derart langen Zeitraum an einem Ort Dienst.

Anno 1994 übergibt Günther Jacob als letzter Dresdner Regler die Kreuzung an Oberbürgermeister Herbert Wagner – der Schillerplatz wird künftig durch eine Ampelanlage geregelt, der stadtbekannte Polizist von seinem geliebten Wirkungsfeld abgezogen. Er widmet sich anderen Aufgaben der Verkehrsüberwachung.

***

Günther Jacob wird im März 1951 als zweites von sechs Geschwistern in Dresden-Dobritz geboren. Die dreißig Jahre zuvor eingemeindete Ortschaft gilt als ein typischer Arbeiterbezirk. Die meisten Bewohner finden ihre Beschäftigung in der örtlichen Gardinenfabrik oder im »Schokopack«. So nennt der Volksmund den »VEB Schokoladen- und Verpackungsmaschinen« an der Breitscheidstraße.

Vater Jacob ist Mitglied der Kasernierten Volkspolizei. Das um sich selbst kreisende Familienoberhaupt gilt als ein harter Hund, der seinen Kindern wenig emotionale Zuwendung gibt. Früh versucht er, Sohn Günther für den Polizeidienst zu werben. Der absolviert nach Abschluss der zehnten Klasse zunächst eine Lehre als Schlosser bei der Reichsbahn. Danach bleibt er vorerst im Bahnbetrieb tätig.

Der junge Mann verfolgt indes ein Hobby, das ihn für das Werben seines Erzeugers empfänglich macht. Er steht auf Zweiräder! Schon mit 16 fährt er eine Kreidler. Später saust er auf einer Trophy MZ 150 durch die Gegend. Dieser heiße Stuhl ist in der DDR ein Highlight.

MZ ist zu jener Zeit unangefochten der größte Motorradhersteller der Welt. Anfang der sechziger Jahre können die Feuerstühle aus Thüringen in vielen Disziplinen am internationalen Markt mithalten. Sie sind besser als die japanischen Reisschüsseln aus dem goldenen Westen. MZ fertigt die ersten elastisch aufgehängten Motoren, produziert das erste asymmetrische Abblendlicht am Motorrad und entwirft die komfortabelsten Serienfahrwerke. Mit MZ-Motorrädern gewinnt das Enduroteam der DDR sechs Mal hintereinander die legendäre »Trophy« (die heutigen »Sixdays«. Diese Rennerfolge sind in aller Munde. Außerdem braucht die DDR Devisen und erhält diese dank des Maschinen-Exports ins westliche Ausland.

Günther ist Fan schneller Kräder. Aber kann man diese Leidenschaft zum Beruf machen? Bestärkt vom Vater, reift sein Wunsch, Polizist zu werden. Er unterschreibt einen Vertrag bei der Volkspolizei, der ihm einen späteren Einsatz mit Motorrad garantiert. 1971 besucht er die nach Hans Beimler, einem KPD-Reichstagsabgeordneten und politischen Kommissar der Internationalen Brigaden im Spanischen Bürgerkrieg, benannte Verkehrspolizeischule Magdeburg. Dort genießt er eine

Ausbildung im fachlichen und fahrzeugtechnischen Umfang.

Verkehrspolizisten werden dringend benötigt, schließlich rollen in der DDR 3,6 Millionen Personenkraftwagen über die Straßen – jährlich kommen 130.000 Neuwagen dazu. Junge Leute, die diesen Berufsweg einschlagen wollen, sind herzlich willkommen.

Im Anschluss an den schulischen Bildungsgang absolviert der inzwischen zwanzigjährige Günther Jacob ein Praktikum. Er lernt Druckschlauchmessgeräte zur Geschwindigkeitskontrolle kennen. Bei Verkehrskontrollen reicht er Autofahrern eine der berüchtigten »Tüten« zum Pusten, um einen eventuellen Alkoholgenuss nachzuweisen. Färbt sich der Inhalt grün, hat der Verkehrsteilnehmer deutlich sichtbar gegen die in der DDR bestehende Null-Promille-Grenze verstoßen.

Alkohol am Steuer spielt in der DDR trotz des rigorosen Verbotes eine erhebliche Rolle. Mehr als 4.000 Unfälle gehen beispielsweise 1987 auf das Konto von angetrunkenen Fahrern. 22.300 DDR-Bürger müssen in dem Jahr nach einer Blutprobe ihren Führerschein abgeben. Wer mit 0,5 Promille am Steuer erwischt wird, verliert für drei Monate den Führerschein und zahlt mindestens 100 DDR-Mark. Bei 2,0 Promille fällt die Strafe schon wesentlich härter aus. Im Wiederholungsfall werden bis zu 1.000 Ost-Mark fällig, der Fahrzeugführer wird für drei lange Jahre zum Fußgänger degradiert.

Es gibt reichlich Arbeit für die Volkspolizisten der Verkehrsbereitschaft. 1973 beginnt Jacob seinen Dienst in seiner Heimatstadt Dresden. Anfangs fährt er Streife auf einem Zweisitzer ohne Funk. Diensttelefone, die die polizeiinterne Kommunikation ermöglichen, stehen an jeder Straßenecke. Wenig später erhält er ein Funkmotorrad Typ MZ 250. Er liebt die Maschine.

1979 wird der inzwischen zum Oberwachtmeister Beförderte einem Reglerzug im Bereich West zugeteilt. Sein künftiger Einsatzbereich ist der Schillerplatz nahe der berühmten Elbbrücke »Blaues Wunder«. Hier findet er seine Bestimmung.

Am »Schilli« wird er fünfzehn Jahre Dienst tun. Täglich wacht er zehn Stunden über den Platz. Als alleinerziehender Vater leistet er in der ersten Zeit einen »Muttidienst« zwischen sieben und siebzehn Uhr. Als er den Nachwuchs nicht mehr jeden Abend von der Krippe abholen muss, wird er zum Schichtdienst eingeteilt. Künftig regelt er in den Abendstunden den an diesem neuralgischen Punkt intensiv brausenden Verkehr.

In grüner Uniform, mit Schlips und Schirmmütze verrichtet der *Karajan vom Schillerplatz* seine Pflicht in praller Sonne ebenso zuverlässig wie bei Eis und Schnee. Im Sommer zieren leuchtend weiße Stulpen seine Uniformjacke, damit er weithin sichtbar ist und nicht über den Haufen gefahren wird. Ein derartiges Missgeschick passiert ihm, wie er sich mit Schmunzeln erinnert, lediglich ein einziges Mal, als ihn eine junge Frau im Moskwitsch auf die Haube nimmt …

Bei widrigem Wetter und in der kalten Jahreszeit kleidet sich der Regler in einen langen Regenmantel aus Plastik. Dieses unbequeme Kleidungsstück wird von den Volkspolizisten gehasst. Das aufgeschwemmte Kunstleder saugt sich gern voll Wasser und wiegt entsprechend schwer. »Dickels letzte Rache« wird die Umhüllung in Erinnerung an den letzten DDR-Innenminister Friedrich Dickel intern genannt.

Das Gehalt eines Verkehrspolizisten jener Tage ist mehr als bescheiden. Mit 415 DDR-Mark monatlich geht er mit weitaus geringerem Lohn nach Hause als ein Industriearbeiter. Doch Günther Jacob murrt nicht. Er liebt seine Arbeit und trägt dabei so viel Sonne im Herzen, dass diese deutlich auf seine Umwelt abfärbt.

***

Am 30. März 2011 tritt Günther Jacob nach vierzig Dienstjahren den wohlverdienten Ruhestand an. Zur Verabschiedung wird er zum Polizeichef geladen. Kollegen fangen ihn in der Kleiderkammer ab, als er seine Uniform zurückgeben will. Sie überreden ihn, ein letztes Mal die Dienstkleidung anzulegen. Jacob wundert sich, denn eigentlich beginnt ab sofort seine Zeit als Zivilist. Als er in grüner Uniform und in weißem Regenmantel vor die Tür des Dienstgebäudes tritt, ahnt er, dass die Kollegen eine Überraschung vorbereitet haben.

Rechtsanwalt Stefan Kreuzer, der seine Kanzlei in der Hüblerstraße mit Blick auf den Schillerplatz betreibt, hat Polizeipräsidenten Dieter Hanitsch einen Vorschlag gemacht. Der langjährige Vorsitzende des Gewerbevereins »Brückenschlag Blaues Wunder« setzt sich dafür ein, die Anziehungskraft des Quartiers zu verstärken. Er kennt die enorme Beliebtheit Günther Jacobs im Kiez und regt an, ihn dort noch einmal auftreten zu lassen. Hanitsch lässt sich nicht lange bitten; er unterstützt den Plan.

Zur Verabschiedung des kurz vor der »Wende« noch zum Polizeimeister beförderten Jacob erscheinen an diesem Mittwochmorgen zahlreiche Polizeikollegen. Der künftige Ruheständler wird in einen grünweißen Moskwitsch 408 (Baujahr 1967) gesetzt, eine Motorradstaffel eskortiert ihn zum Schillerplatz. Dem Konvoi folgen ein historischer Polizeibus Marke Barkas sowie eine Reihe hochmoderner Polizeifahrzeuge. An dem Platz, der seit Jahrzehnten eng mit Jacobs Namen verwoben ist, sind die Ampeln an diesem Tag abgeschaltet.

Journalisten und Kameraleute erwarten ihn vor Ort, der Auftritt des Kapellmeisters vom »Schilli« wird im Fernsehen gezeigt. Anwohner begrüßen ihn mit Blumensträußen. Fenster der anliegenden Häuser sind sperrangelweit geöffnet, Zuschauer filmen das Spektakel. – Der *Karajan vom Schillerplatz* darf ein letztes Mal zeigen, wie virtuos er den Verkehr regeln kann.

Günther Jacob gibt alles. Wie zu seinen besten Zeiten hebt der inzwischen Sechzigjährige seinen Signalstab. Er dirigiert das Geschehen, als habe er keinen Tag pausiert. Virtuos und elegant schwebt der Polizist wie eine Feder im brodelnden Verkehr. Er winkt, zeigt, lässt den Stab wirbeln und strahlt über beide Ohren, wenn ihn Autofahrer erkennen und grüßen. Der *Karajan vom Schillerplatz* ist längst fester Bestandteil der Dresdner Stadtgeschichte.

***

Im »Brauhaus am Waldschlösschen« genießt Günther Jacob ein Bier. Überpünktlich ist der *Karajan vom Schillerplatz* zum Interview erschienen. Der Ruheständler strahlt eine einnehmend freundliche Art aus, die gefangen nimmt. Mit einem leichten Einschlag ins breite Sächsisch der Dresdner verrät er sein Geheimrezept.

Bürgernähe heißt das Zauberwort, mit dem er die Herzen der Menschen am »Schilli« eroberte. Ein gutes Verhältnis zu Straßenbahn- und Busfahrern, zu ortsansässigen Geschäftsleuten sowie zu den Bürgern, die täglich die Stätte überqueren, bildet seine Rezeptur.

Sind alle Dresdner Polizisten derart sonnig gestimmt? Als Berliner mag es der Gesprächspartner von Jacob kaum glauben. Polizisten zählen im Verständnis der Hauptstädter eher zu den Spaßbremsen. Der Polizeimeister schmunzelt. In seiner Einheit teilten die meisten Kollegen seine Einstellung, meint Jacob. Natürlich gab es auch Stiesel und sture Typen. Doch die setzten sich bereits in der Kantine an einen anderen Tisch.

Karajan fühlte sich in den fünfzehn Jahren seines Dirigates stets als integraler Bestandteil des »Schilli«. Er empfand es als Ehre, zum Ausklang seiner Berufstätigkeit den geliebten Platz nochmals regeln zu dürfen. Jeder Presserummel um seine Person ist ihm dabei jedoch unangenehm. Seine Pflicht, sagt Jacob, habe er nach bestem Wissen und Gewissen erledigt, auffallen oder etwa berühmt werden wollte er nie.

Seine Herzenssache war, den täglichen Job mit Freude zu verrichten. Als Regler gab er Zeichen, die allgemein verständlich wirken. Schon in der Ausbildung lehnt er das dort vermittelte Regelschema ab. »So was Doofes« will er auf keinen Fall machen. Er entwickelt seine eigene Zeichensprache, deren Eleganz ihn schließlich zu einer Art Ikone macht. Vorgesetzte akzeptierten seinen individuellen Stil. Zurechtweisungen, Rüffel oder abweichende Dienstanweisungen blieben ihm erspart.

Seine ehemaligen Kollegen schätzen das unveränderte Interesse am *Karajan vom Schillerplatz*. Polizeirat Peer

Barthel begrüßt das Thema, da über Polizisten selten positiv berichtet wird. Der Leiter der Verkehrspolizeiinspektion Dresden hofft, durch Veröffentlichungen sogar die traditionellen weißen Mützen zurückzubekommen. Diese verschwanden bei der Umstellung auf Blau in der Versenkung. Dann leisteten wieder echte »weiße Mäuse« auf Sachsens Straßen wie zu Günther Jacobs Zeiten ihren Dienst.

Bei mit frischen Champignons und Käse überbackenem Würzfleisch vom Hähnchen und Brauhausbrot berichtet *Karajan* von seiner Dienstzeit. Spektakuläres gab es kaum. Abgesehen von dem Moskwitsch, der ihn auf die Haube nahm, galoppierte einst ein Pferd von den Elbwiesen auf den Schillerplatz. Es hatte sich losgerissen und schleppte eine Eisenkette, an der ein Teil der Deichsel hing, mit sich. Mit einem kühnen Sprung setzte der Vierbeiner über einen Trabi. Im Galopp riss das Tier zwei Frauen vor der Bäckerei Hinkel zu Boden und beschädigte schließlich einen Lada im Gautschweg. Die Hengstparade bildete eine der Abwechslungen im täglichen Einsatz.

»Leben und leben lassen«, lautet die Devise des Dresdners. Wollte ein übereifriger ABV (Abschnittsbevollmächtigter) seine Mitwirkung, um den Fahrer eines geparkten Westfahrzeuges aufzuspüren, juckte ihn das wenig. Innerhalb des Regelwerks der Polizei einen individuellen Weg zu finden, ohne die Pflicht zu verletzen, war sein Ziel. Dabei schützten ihn die Kollegen der Bereitschaft vor unverständigen Vorgesetzten. Versetzungsgefährdet war Jacob trotz oder wegen seiner wachsenden Beliebtheit nie …

Bei strahlendem Sonnenschein treten wir auf die Terrasse des Brauhauses und schauen auf das silberne Band der Elbe. Darüber spannt sich die Waldschlösschenbrücke, die vielen Einheimischen ein Dorn im Auge ist. Dresden opferte für die Errichtung den Titel als Weltkulturerbe. Für den Verkehrsfachmann Jacob dient die Brücke hingegen zur Entlastung des Verkehrs, der den Strom kreuzt.

Bekannt wie ein bunter Hund, ist der *Karajan vom Schillerplatz* inzwischen längst zur lokalen Kultfigur geworden. Er ist ein Paradebeispiel für die These, dass die Möglichkeit gelebter Individualität auch in Zeiten krasser Uniformität besteht.

Sein Rang als stadtgeschichtliches Faktotum wird dem beliebten Verkehrspolizisten höchstens von der *Gustel von Blasewitz* streitig gemacht. Johanne Justine Renner, Wirtstochter der damaligen »Fleischerschen Schenke«, jetzt »Schillergarten«, lernte Schiller bei seinen Besuchen anno 1785 kennen. In seinem »Wallenstein« verewigte der Dichter sie im fünften Auftritt als Marketenderin mit den Worten »Was? Der Blitz! Das ist ja die Gustel aus Blasewitz.«

Doch das ist eine andere Geschichte um den Platz, der seit 1860 den Namen des berühmten Dichters trägt und über den täglich rund 40.000 Fahrzeuge rollen.

DER FAHRLÄSSIGE KUPFERSCHMIED

Autofahrer auf der A2 von Hannover Richtung Dortmund finden zwischen dem durch den Bertelsmann-Konzern bekannten Gütersloh und der seit dem Mittelalter legendären Schildbürgerstadt Beckum die Ausfahrt 21, die nach Oelde führt. Eichen, Buchen und Kastanien säumen die Wege, schattige Wallhecken, singende Wälder und saftige Streuobstwiesen bestimmen das Landschaftsbild. Aus wogenden Getreidefeldern steigen jubilierende Lerchen himmelwärts.

Das historisch als »Wigbold« bezeichnete mittelalterliche Städtchen präsentiert sich dem Ankömmling mit braunroten Klinkerhäusern und graugelben Sandsteingebäuden, einem Bahnhof an der einstmals strategisch bedeutsamen Linie Moskau–Paris, Kneipen und Bierschwemmen wie Sand am Meer sowie Weihrauch, Myrrhe und andere Räucherharze atmenden Kirchen.

Es geschah am 29. März 1908. Oelde in Westfalen. Sonntagnacht. Der 19-jährige Kupferschmied Hermann Karl Franz Hilger sitzt mit Zechkumpanen beim Frühschoppen. Der zieht sich, wie im Münsterland durchaus üblich, mal wieder bis in die Nachtstunden hin.

Es gibt viel zu diskutieren und zu kommentieren, aktuelle Themen sind die schweren Kämpfe zwischen Tausenden Arbeitslosen und der Polizei in New York, bei denen am Vortag zahlreiche Menschen getötet wurden.

Am Stammtisch wird auch die Entscheidung des Berliner Universitätsrichters Paul Daude diskutiert. Der Jurist erklärt anlässlich eines Konflikts zwischen einem jüdischen und einem polnischen Studenten, dass es keine Beleidigung sei, einem Juden keine Satisfaktion zu geben.

Das unangefochtene Hauptthema des Tages war allerdings das Fußballspiel, bei dem die Niederlande Belgien mit 4:1 überwältigend besiegt haben. Was für ein spektakuläres Match!

Satt und zufrieden wankt Hilger im Kreise von Zechkumpanen von seiner Stammkneipe über die Lange Straße des 4000-Seelen-Ortes im Kernmünsterland. Der Mond ist aufgegangen. Er weist dem gelernten Kupferschmied, der am frühen Montagmorgen wieder seinem Tagewerk nachgehen will, den Weg.

Der Handwerker hat einen kräftigen Bohneneintopf verzehrt und dazu etliche Gläser Bier getrunken. Kräftig gärt der Speisebrei in seinem Magen.

»Jedes Böhnchen gibt ein Tönchen.« Dieses wahre Sprichwort kennt der am 9. Juli 1888 in Magdeburg geborene Wahl-Oelder, und durch die Bewegung an der frischen Nachtluft schafft sich Hermann Hilger hörbar Luft.

Seine Kumpane stacheln ihn dabei noch an, und er lässt es richtig krachen. Der Kupferschmied pupst lustvoll und derart lautstark, dass es von den Wänden der Bürgerhäuser widerhallt. Der anfangs verhalten pfeifende Darmwind wird zur symphonischen Afterwinddetonation, und das Nachtgestirn hält sich diskret die Nase zu.

Hilgers Unglück will es, dass zwei auf Streife gehende Ortspolizisten den nächtlichen Donner vernehmen und sich daran stören. Einer der beiden stellt den Übeltäter, schnallt den Riemen seiner Pickelhaube fest, zückt sein Notizbuch und leckt den amtlichen Bleistift. Er nimmt Hilgers Personalien auf. Streng kündigt er ihm an, dass die nächtliche Ruhestörung geahndet werde, weil er »in ganz unverschämter Weise absichtlich Darmblähungen mit Geräusch« habe abgehen lassen.

Den Kupferschmied lässt der Auftritt der Obrigkeit kalt. Er genießt die Nachtluft, wandert heimwärts und flatuliert dabei noch mehrmals kräftig, weil ihm danach ist. Tags darauf erscheint er wie gewohnt zur Arbeit. Doch die Mühlen der preußischen Obrigkeit mahlen unerbittlich. Bald flattert dem *Bläh-Boy* eine Strafverfügung ins Haus.

Darin wird vom Amtmann Bernhard Geischer beschieden:
»Sie haben dadurch groben Unfug verübt, dass Sie in der

Nacht vom 29. auf den 30. März auf öffentlicher Straße Passanten in absichtlicher Weise belästigten. Ich setze daher gegen Sie gemäß § 360 Abs. 11 RStGB eine Geldstrafe von fünf Mark fest, an deren Stelle im Unvermögensfall eine Haftstrafe von einem Tag eintritt.«

Hermann Hilger hält seine Flatulenz für menschlich und legt Einspruch ein. Er sei sich keiner Schuld bewusst, erklärt der brave Mann und entschuldigt seine geräuschvollen Wohllaute mit schlichter »Fahrlässigkeit«. Sein Einspruch ruft die Gerichtsbarkeit auf den Plan. Am 10. Juni 1908 kommt es vor dem Königlichen Schöffengericht zu einer viel beachteten Verhandlung. Dem Kupferschmied ist die Sache peinlich. Er mag nicht im Mittelpunkt der Öffentlichkeit stehen und »verduftet« am Tag vor der Verhandlung.

Oelde munkelt, Amtmann Geischer habe ihn mit Reisegeld versehen. Er fürchtete, dass Hilger durch seine drolligen Ausreden bei dem Gerichtsrat Wagner, der den Humor mehr liebt als der verknöcherte Amtmann, einen Freispruch erreicht. Das Gericht zeigt indes kein Erbarmen und entscheidet nach Aktenlage. Hilger wird verurteilt und soll zahlen. Die Polizei wird mobilisiert und spürt den Wandergesellen in Mainz auf, wohin er sich inzwischen abgesetzt hat. Das Urteil des Königlichen Schöffengerichts in Oelde wird zugestellt, und Kupferschmied Hilger zahlt die fünf Mark Strafe, um einer Verhaftung zu entgehen.

Die Kuriosität der »Straftat« ist bald in aller Munde. Die lokale Tageszeitung »Die Glocke« schildert den Vorfall. Schmunzelnd beschreibt der damalige Verleger und Chefredakteur Joseph Holterdorf den Prozess. Sein humorvoller Artikel über den *fahrlässigen Kupferschmied* gelangt über einen aus Sünninghausen bei Oelde stammenden Industriellen, Konsul Alexander Tigges, in die Hände des damaligen deutschen Gesandten in Peking, Graf Rex. Der Diplomat übersetzt den Text zur Vorlage beim Kaiser von China und schickt ihn darüber hinaus per Eilkurier zwecks Übermittlung an den japanischen Kaiser nach Tokio. Bald ergötzt sich das gesamte Diplomatische Korps an der windigen Story, und schon greift die Weltpresse die kuriose Geschichte auf.

Oelde, der Ort des duftigen Feuerwerks, schafft sich damit einen Namen als Sprengel, der aus einem frischen Furz gern einen kernigen Kanonenschlag macht. Im Laufe weniger Wochen erhält der zur Tagesberühmtheit gewordene Hilger aus ganz Deutschland Hunderte von Postkarten. Stammtischgesellschaften verarbeiten den anrüchigen Stoff in Poesie und Prosa. Aus deutschen Zeitungen fließt die Nachricht in die Presse aller Länder und Erdteile. Die Welt lacht über den preußischen Obrigkeitsstaat, in dem selbst eine öffentliche Blähung bestraft wird.

Was der Oelder Kupferschmied verübt hat, ist zwar für niemanden in der Welt etwas Neues, aber unter Polizeistrafe ist es noch niemals gefallen. Der »New York Herald«, der die »Bomben-Nachricht« durch Kabeltelegramm erhält, widmet dem Schicksal des Oelder Kupferschmiedes einen Leitartikel mit der Überschrift: »What happened in Germany?«

Die Geschichte des *fahrlässigen Kupferschmieds* bleibt den Oeldern indes auf originelle Weise erhalten, denn sein Furz wird Zahlungsmittel. Die Stadtverwaltung bringt nämlich am 1. Juli 1921 eigene Geldscheine in Verkehr, auf denen dieser lokalgeschichtliche Vorgang aus dem Jahre 1908 verewigt ist. Auf der Rückseite der im Sechsfarbendruck hergestellten Notgeldscheine sieht man den furzenden Kupferschmied, verfolgt von den schnüffelnden Hütern des Gesetzes.

Kunstmaler Heinrich Uhrmeister stellt die Szene des »fahrlässigen« Vorfalls unter dem Turm der nächtlichen St.-Johannes-Kirche dar. Ernst Meurin, ein im Ort geborener Lehrer und Autor, setzt dem *fahrlässigen Kupferschmied* ein literarisches Denkmal mit seinem »Lied vom Oelder Wind«, das auf dem Notgeldschein abgedruckt ist:

Der Kupferschmied, den man hier schaut,
Der pupte eines Abends laut.
Ein Schutzmann nahm ihn voll Empörung,
In Strafe wegen Ruhestörung.

Da legt der Schmied Berufung ein:
Solch Tun könnt kein Verbrechen sein.

Auch hätte er auf leeren Straßen,
Nur »Oelder Winde« fahren lassen.

»Die Glocke« meldete den Fall,
alsbald dem ganzen Erdenball.
Und überall erscholl das Lied
vom fahrlässigen Kupferschmied.

Das Oelder Notgeld schlägt schon wegen seiner originellen Gestaltung ein. Weil kaum jemand den Geldschein einlöst, macht die Stadt damit ein Bombengeschäft. Aus dem Erlös des künstlerisch gestalteten »Pupsgeldes« werden die gesamte Kanalisation der wachsenden Stadt im Wert von einer halben Million Goldmark, die Amtsrentei am Grünen Weg und der erste Bauabschnitt einer Turnhalle finanziert.

Die Stadt dachte sogar daran, Hilger mit »seinem« Geld ein Eigenheim zu gestalten. Doch der *fahrlässige Kupferschmied* meidet die Öffentlichkeit und meldet sich nicht. Er stirbt am 11. Juli 1951 im Alter von 63 Jahren in Magdeburg und hinterlässt Frau und einen Sohn.

Seit jenen denkwürdigen Ereignissen halten viele Einwohner ihr verschnarchtes Nest für den Nabel der Welt. Sie nennen Oelde, Paris und London in einem Atemzug, wenn es um den internationalen Maßstab geht. Der typische Ackerbürger schaut indes kaum über den Rand seiner Scholle. Er gilt, um es im breiten westfälischen

Plattdeutsch auszudrücken, als »Poahlbürger«. Mit diesem Begriff werden seit Generationen alteingesessene Familien bezeichnet, die sämtliche Fäden in der Hand halten und ebenso misstrauisch wie ablehnend auf jede Veränderung reagieren.

1983 schuf der Oelder Bildhauer Leo Neumann mit feinsinnigem Humor die Bronzegruppe *Der fahrlässige Kupferschmied.* Etwas versteckt in der Rathauspassage zwischen Schnellimbiss und China-Restaurant findet sich Neumanns Skulptur vom Schutzmann und seinem Opfer.

Dies ist das einzige Angedenken an die Geschichte vom *fahrlässigen Kupferschmied,* die sich vor Ort noch findet. Sie ist gedacht für alle jene Westfalen, die bevorzugt »mit dem Herzen lachen«, als Vermächtnis an jenen Mann, der sich lautstark blähte, damit die Obrigkeit erzürnte und die Stadt Oelde berühmt machte: der Kupferschmied Hermann Karl Franz Hilger.

So bleibt die Erinnerung an Hilger in den Herzen derer, die auch über sich selbst lachen können.

DER UNVERWESBARE MÖRDER

Neunzig Kilometer von Berlin und 5,5 Kilometer von Kyritz entfernt, der schmucken mittelalterlichen Hansestadt im Nordwesten Brandenburgs, findet sich abseits der großen Straßen am Flüsschen Dosse in Neustadt, Ortsteil Kampehl, eine uralte Wehrkirche. Seit 700 Jahren wacht sie dort und reckt ihren aus schweren Quadern erbauten spitzen Giebel trutzig in den Himmel. Gepflegte Gräber und eine grüne Rasenfläche prägen ihr Umfeld, eine kleine Mauer säumt das Ganze.

Nichts könnte die Ruhe und Beschaulichkeit dieses Idylls im Havelland stören, hinge nicht an dem kleinen seitlichen Anbau zur alten Wehrkirche ein handgemaltes Transparent, auf dem Wanderer lesen:

»Halt! Besichtigt Kahlbutz, das biologische Rätsel, über 300 Jahre alt, bis heute wissenschaftlich ungelöst. Täglich von acht bis 17 Uhr Führung.«

Für fünfzig Pfennig, Kinder die Hälfte, erhielt man bereits in grauen DDR-Zeiten ein Billett vom Rat der Stadt, das zur Kahlbutz-Besichtigung berechtigte. Inzwischen kostet es entsprechend mehr. Die Tür, auf die das vielversprechende Plakat geheftet ist, öffnet sich daraufhin mit leichtem Knarren. Der Blick fällt auf eine Kammer in fahlem Lampenlicht. In diese Krypta steigt der Besucher hinab und nimmt das biologische Wunder aus nächster Nähe in Augenschein.

An der Wand der alten Wehrkirche lehnt ein rissiger Sargdeckel, daneben eine mittelalterliche Turnierlanze, auf einem erhöht angebrachten Brett finden sich schwere geschmiedete Helme. Das Rätsel selbst füllt die Kammer fast gänzlich aus. In einem dunklen Holzsarg mit gläsernem Deckel, den ein dickes Vorhängeschloss ziert, liegt auf weißem Linnen, den Kopf von einem Kissen gestützt, eine nackte Gestalt. 1,70 Meter groß und nur noch zwanzig Pfund leicht, blickt sie starr auf den Besucher. Die mumifizierten Hände des Leichnams sind über der Brust gefaltet.

Der Tote erweckt einen frischen Eindruck. Die Haut wirkt lederartig und stark eingeschrumpft. Das linke Knie ist demoliert, und in der rechten Seite des Brustkorbs befindet sich ein Loch. Auf dem Schädel ebenso wie auf der Oberlippe sind Haare zu erkennen, Fingernägel sind vorhanden.

Es ist der Ritter Christian Friedrich von Kahlbutz, der hier in Frieden ruht. Oder doch nicht in völligem Frieden, denn jährlich kommen seit Jahrzehnten mehr als hunderttausend Besucher, um dem Mumienmann ihre Aufwartung zu machen. Der frühere Gutsbesitzer Christian von Kahlbutz will sämtlichen Naturgesetzen zum Trotz nicht verwesen. Das macht ihn nicht nur in den Augen der Einheimischen zu einem »biologischen Wunder«.

Dabei ist die Erklärung für eine Unverwesbarkeit offenkundig: Sie liegt in Kahlbutz' Biografie begründet. Deshalb sei seine Geschichte, mündlich überliefert von Generation zu Generation, der Nachwelt an dieser Stelle kurz skizziert.

Ritter Kahlbutz wird am 3. März 1651 auf dem väterlichen Gutshof gleich hinter der Wehrkirche geboren und führt ein Leben, das seinem Stand gemäß ist. Doch zuerst muss er in den Krieg ziehen und sich bewähren. Vierundzwanzig Jahre jung wird er 1675 in der Schlacht bei Fehrbellin am linken Knie verwundet – wie zu sehen ist. Dies dient ihm dazu, das raue Soldatenleben an den Nagel zu hängen. Er schlägt seine Zelte wieder im heimatlichen Kampehl auf.

Seine Verwundung hindert ihn nicht, ein reges Liebesleben zu entwickeln und die Jagd auf Dorfschönheiten zu eröffnen. Allerhand Erfolg ist ihm beschieden: Die Statistik listet elf eheliche Kinder auf, sowie, was im Zusammenhang mit seinem erstaunlichen Schicksal erheblicher ist, eine prächtige Zahl außerehelicher Abkömmlinge, »Kegel« geheißen.

Doch auch bei Kahlbutz lässt der Schwung mal nach, und so geschieht es an einem lauen Sommerabend, dass der damals 39-Jährige einen Korb erhält. Dieser wird ihm von der schönen Schäferbraut gegeben, der unser tapferer

Ritter nachstellt. Kahlbutz pocht auf sein vermeintliches Recht der ersten Nacht. Doch die Schäferin verweigert sich. Sie bleibt ihrem Schäfer treu und will ihn ehelichen. Dies bringt den Rittersmann in Rage. Kahlbutz macht kurzen Prozess und erschlägt den Nebenbuhler. So geschehen anno 1690. Der Weg zum Bett der Schäferin ist frei.

Der adelige Mörder kann sich den Frevel leisten. Er verkörpert die absolute Macht im Dorf und fürchtet die stets auf diesem Auge blinde Frau Justitia wenig. Dafür geraten die Kampehler Bauern in Aufruhr: Sie fordern Gerechtigkeit. Es kommt zu einer Gerichtsverhandlung. In dieser leistet der Gutsbesitzer Kahlbutz einen folgenschweren Schwur, der ihm bis heute anhängt.

Er hebt die rechte Hand und schwört so nachdrücklich und laut, dass die ehrwürdige Wehrkirche in ihren Grundfesten erzittert, einen Reinigungseid: *Bin ich der Mörder gewesen, will ich nach meinem Tod nicht verwesen!* Der Ritter wird freigesprochen. Ein heiliger Eid besitzt die nötige Überzeugungskraft und erhebt den Ritter über jeden Zweifel.

Kahlbutz stirbt 1703 als juristisch unbescholtener Mann. Wie schon sein Vater und Großvater wird er in der Gruft der Kampehler Wehrkirche beigesetzt. 1783 stirbt das Geschlecht derer von Kahlbutz aus. Der Gutshof wechselt den Besitzer, man erinnert sich der Grabstätte. Die Särge werden geöffnet. Während Vater und Großvater ordnungsgemäß zu Staub zerfallen sind, ist Sohn Christian zur Verwunderung aller vom Zahn der Zeit verschont geblieben. Unverwest erinnert er an seinen Meineid und wird alsbald zum bestaunten Objekt, ausgestellt an Ort und Stelle.

Denn damit ist sonnenklar: Kahlbutz log! Der Ritter war tatsächlich ein Mörder. Von seiner Schuld kann sich jeder an jenem Holzkasten überzeugen, der heute in Kampehl samt Inhalt zu besichtigen ist.

Nur die Dorfjugend zeigt keinen Respekt vor dem *Ritter vom unverwesten Adel.* So berichtet die Überlieferung von allerlei Schabernack, der mit dem Toten getrieben wird. Kahlbutz wird danach wiederholt entführt. Einmal steht er uniformiert in einem Schilderhäuschen und lässt eine Einheit napoleonischer Besatzertruppen an sich vorbei defilieren, ein anderes Mal dient er einer Braut in der Hochzeitsnacht als gruseliger Bettgefährte.

Diejenigen aber, die mit dem unverwesten Ritter Christian ihr grausames Spiel treiben, werden auf schreckliche Weise bestraft. Erdrosselt findet man sie im nahen Forst. Der Geist von Kahlbutz wirkt und würgt. Kampehl wird zum Sitz der Untoten. Ruhe tritt erst ein, als der Sozialismus dem Ritter einen Glasdeckel verpasst und ein Vorhängeschloss anbringt.

Zwischenzeitlich legt auch die Wissenschaft Hand an den mumifizierten Körper. Ferdinand Sauerbruch, der weltberühmte und von allen gefürchtete Chirurg, reist aus Berlin an. Charité-Professor Virchow öffnet 1895 den Brustkorb. Doch die allseits herbeigesehnte Erklärung des Phänomens bleibt aus. Weder Gifte, Blei noch Mumifizierungsmethoden sind nachgewiesen, Ritter Kahlbutz ist und bleibt ein den Medizinmännern ein »biologisches Rätsel«.

Der geheimnisvolle Leichnam fasziniert Jung wie Alt und treibt die Preise hoch. Japaner bieten hunderttausend, Amerikaner eine Viertelmillion für den makabren Leichnam. Doch Kampehl bleibt stur und lässt den Mordbuben in der Kiste. Der scheint es zufrieden und verzichtet inzwischen auch auf das nächtliche Spuken.

So bleibt dem Besucher, der die Gruft des Meineidigen verlässt und wieder dem lichten Tag zustrebt, nur die Frage, ob Kahlbutz auf seine alten Tage nicht eine ähnlich geartete Gefährtin erhalten könnte. Er kann, denn es gibt noch eine mumifizierte Gräfin aus Quedlinburg. Doch bei ihr ist nachweislich der Salpeter schuld. Außerdem ist fraglich, ob der *Herr Ritter von der unverwesten Gestalt* auch eine *Gräfin in Salpeter* akzeptieren würde. Denn wählerisch war Ritter Christian von Kahlbutz schließlich schon zu Lebzeiten.

DER TIZIAN DES TECHNO

Der Berliner Szene-Starkünstler Jim Avignon hat viele Etiketten. Die einen nennen ihn den *schnellsten Maler der Welt* (Atak), der schneller als sein Schatten male, andere bezeichnen ihn als den *Tizian des Techno* (DER SPIEGEL). Gelegentlich sind die farbenfrohen, pop-artigen Bilder des Ausnahmetalents in Ausstellungen zu sehen.

Schon als Kind zeichnet Jim Avignon gern und viel. Sein Vater arbeitet in einem Rechenzentrum und bringt oft perforiertes Rechenmaschinenpapier mit nach Hause, das der Sohn mit Wachsmalstiften vollmalt. Später begeistert Jim sich für Fantasykunst, übt sich in Airbrushtechnik, Bodypainting und dem Bemalen von Automobilen. Er versucht sich als Graffitikünstler und wird als *Brückenmaler von Karlsruhe* bekannt.

1997 zieht Jim Avignon in einer leer stehenden Kasseler Lagerhalle ein Gegenprogramm zur »Documenta X« hoch. Mit dem Gedanken, Kunst extrem preiswert abzugeben oder gleich zu verschenken, will er den Kunstmarkt von unten aufrollen. Er gilt als einer der Begründer der Cheap-Art-Bewegung. In der Frankfurter »Schirn« veranstaltet der Popstar unter den Bildenden Künstlern eine Ein-Tages-Ausstellung, für die er in Akkordarbeit 800 Bilder produziert, die dann an die Besucher verschenkt wurden.

Unter dem Pseudonym *Neoangin* tritt Avignon gern vor eigenen Bildern auf, die er als Bühnenbild betrachtet. Er verdient Geld mit Werbung und verpulvert es, indem er Hotels komplett anmietet und mit seiner Kunst ausstaffiert. Er findet zur Street-Art und schafft großformatige Straßenbilder, die ihm schon deshalb gefallen, weil sie unverkäuflich sind und sich damit dem Kunstmarkt entziehen.

In Ravenna bemalt er ein Wohnhaus mit einem Blumenstrauß, bei dem er die Blumen durch Gesichter ersetzt. Avignon will Punk und New Wave in die Sprache der Kunst übersetzen und tut gern das Gegenteil von dem, was die Masse der Künstler macht. Auf sein T-Shirt druckt er »Destroy Art Galeries« und stellt etablierten Galerien nachts selbstgemalte Drohbilder vor die Tür. Für die ZDF-Sendung »Aspekte« bemalt er live das Studio samt Moderator.

Das Material, auf dem Jim Avignon bevorzugt arbeitet, ist Papier. Er faltet zum Entsetzen der Galeristen seine Bilder und schleppt eine komplette Ausstellung in einer Aktentasche umher. Seine Arbeiten sind oft großformatig – aber fast immer zweidimensional. Weltkugel, Handy und Dollarmünze zählen zu seinen immer wiederkehrenden Lieblingscharakteren, und es hagelt meistens Kritik an der geldgetriebenen Geilheit des Kapitalismus und seiner zerstörerischen Auswüchse.

In seinen Bildern untersucht er die wechselhafte und ambivalente Beziehung zwischen Tag und Nachtgesellschaft und schlägt dabei einen Bogen von den Zwanzigern des vergangenen Jahrhunderts bis in die Gegenwart. In seinen Arbeiten zitiert er Motive von Dix, Beckmann und Grosz und findet Parallelen zwischen jener Epoche und unserer Gegenwart.

Avignon zählt zu den ungewöhnlichsten Figuren im deutschen Kunstbetrieb. Mit leuchtenden Farben, beißendem Witz und einem schwindelerregenden Output stellt er die Gesetze der Kunstwelt auf den Kopf. Er gab Pop-Art eine neue Bedeutung, nahm die Styles der Street-Art vorweg und provozierte den Kunstbetrieb mit Aktionen, die den Preiskult in Frage stellten.

Avignons Bilder karikieren das Kunstbetriebssystem und richten sich auch an Menschen, die von der Goldrahmen-Aura der sogenannten Hochkunst eher gelangweilt oder abgeschreckt sind. Seine Bilder sollen zum Nachdenken anregen und arbeiten mit schwarzem Humor und Selbstironie. Der Popstar unter den Künstlern ist seit 30 Jahren ein Garant für Erfolg »von unten« und wirkt in dieser Vorbildfunktion hoffentlich noch lange.

DER GROSSMEISTER DER LÜGEN

Bedenke, dass eine Lüge, auf die man hereingefallen ist, einen Glücksfall bedeuten kann!«

Für Sir Richard von Gigantikow war die Ablösung der einen gesellschaftlichen Lüge durch die nächste ein derartiger Glücksfall. Der Herr des Gutshauses Gantikow, ein Findelkind derer von Münchhausen, begrüßt Wahrheitssucher im Radebeuler Lügenmuseum höchstpersönlich mit einer Tasse wohlschmeckendem Lügentee. Im Dienste der Wahrheit wäscht er mit tausendundeiner Lüge den Staub des Alltags von den Sternen.

Der schimmernde Spiegel, der er der zwischen Unwahrheit und Wahrheit schlingernden Welt präsentiert, ist das erste und einzige Lügenmuseum auf diesem Planeten. Das GPS verrät den Standort der Lügenanstalt: 51 Grad 45.516 Minuten nördliche Breite; 13 Grad 33.396 Minuten östliche Länge. Die Koordinaten führen zum ehemaligen Gasthof Serkowitz in der Kötzschenbrodaer Straße 39, 01445 Radebeul.

Im Lügenmuseum treffen blitzgescheite Psychologen aufeinander und spinnen feine Fäden zu einer großen Lügentheorie, die alles erklärt und doch nichts sagt. Nach neuesten Untersuchungen, so das Internetlexikon Wikipedia, lügt der durchschnittliche Mensch bis zu fünfzig Mal pro Tag. Männer lügen schätzungsweise bis zu 25 Prozent häufiger als Frauen. Allerdings fehlt hier die Quelle und diese Aussage ist damit nichtig, denn: Sie könnte gelogen sein. Jedenfalls schaffen proportional mehr Damen als Herren an dem Forschungsprojekt.

Das Lügenmuseum bietet Zuflucht allen großen Lügnern unserer Tage, die der Justiz entschlüpften, obwohl Lügen an sich keineswegs strafbar ist. Tatsächlich birgt Gantikow ein Trainingscamp für Lügenterroristen, die sich der Strategie der Lüge verschrieben haben und sich darin vervollkommnen wollen! Zu den Ausbildern zählen bekannte Rathauspolitiker. Die wirklich wichtigen Lügen werden in der Regel schließlich stets gut vorbereitet. Hierfür wird als notwendig erachtet, sich strategisch über einen längeren Zeitraum durch Wahrhaftigkeit das Vertrauen des Gesprächspartners zu erschleichen und so Glaubwürdigkeit herzustellen, um dann für den entscheidenden Augenblick, wenn es um den großen Vorteil für das eigene Fortkommen geht, die Lüge zu platzieren. Es kommt in dieser entscheidenden Lüge darauf an, sich selbst treu zu bleiben. Denn nur wer mit gutem Gewissen lügt, lügt gut. Und das will geübt sein!

Schließlich ist das Haus der Lügen aber auch Redaktionsexil jener täglichen Westberliner Revolutionspostille »Die Wahrheit«, die seit den Wirren der Wende im Totenreich der Berliner Stadtgeschichte verschollen zu sein schien.

Gerne wird der Besucher von eifrigen Schreiberlingen mit Lügenmützen aus der chinesischen Kulturrevolution begrüßt, die so lange Schweineställe ausmisten dürfen, bis sie umerzogen sind und dem Leser wieder die Wahrheit sagen. Im Winter bezeugen die Ex-Redakteure beim kollektiven Auslösen mittlerer Schneelawinen die alte Spruchweisheit: Lügen sind wie Schneebälle: Je länger man sie rollt, umso größer werden sie.

»Die erste Pflicht des Lügens«, so der Skandalautor und Dandy Oscar Wilde, »besteht darin, so künstlich wie möglich zu sein. Worin die zweite Pflicht besteht, hat noch niemand herausgefunden.« Künstlich geht es im Lügenmuseum zu, ist die uns umgebende Welt doch stets und in erster Linie eine dingliche Ansammlung, ein Kunterbunt der Stile und Moden, der Konfessionen und Bekenntnisse, der Kulturen und Künste. Bereits der erste Saal des Lügenmuseums, das sich als begehbares Kunstwerk zwischen Dadaismus und Moderne erweist, befasst sich mit den Wurzeln von Wunderglauben und Reliquienkulten der Weltreligionen.

In einem schwarzrotgolden geschmückten, gläsernen Schneewittchensarg ruht die vertrocknete Maus des Ritters Kahlbutz auf einem weißen Federbett. Über der Reliquie berichten Wappen und Fahnen von ihrem Leben: Abzeichen der Jungen Pioniere, der Freien Deutschen Jugend und ein roter Sowjetstern. Ein vertrockneter Frosch sowie ein Stück hartes Brot bieten der Maus, die auch der

Splitter vom heiligen Kreuz oder der Mittelfinger eines heiligen Herrn sein könnte, Zehrung im Jenseits. Gleich daneben findet sich in einem Tresor das Ohr von Vincent van Gogh, das sich dieser einst selbst abschnitt. Öffnet der Besucher einen weiteren Schrein, blendet ihn ein Porträt der Gottheit Elvis Presley auf goldener Tapete. Diese Wundertagesstätte des Lügenmuseums lehrt, nicht alles zu glauben, was man sieht.

Hinter Flügeltüren wird die Aufmerksamkeit des Besuchers auf ein Kabinett gelenkt, das dem Untergang des Luxusliners Titanic gewidmet ist. Aus einem alten Radio quillt unterseeisches Blubbern und Gurgeln: So klingen die aus der Tiefe des Ozeans geborgenen Live-Klänge zwanzig Minuten nach dem Aufschlagen des Wracks auf dem Meeresboden! Löste das Medienereignis im April 1912 Weltuntergangsstimmung aus, stellte es zugleich auch die Lüge von der Allmacht des menschlichen Willens und seiner technischen Überlegenheit in Frage. Dem Museum geht es ausschließlich um Fakten, stellt die Wahrheitssuche doch den Ausgangspunkt jeder Informationstätigkeit dar. Sie setzt die Beachtung verfügbarer und zugänglicher Daten, die Achtung der Integrität von Dokumenten (Text, Ton und Bild), die Überprüfung und die allfällige Berichtigung voraus.

Ein besonders intim gestalteter Raum im Lügenmuseum von Gantikow wird das »Vittoriale der Ostdeutschen« genannt. Die in Rotlicht getauchte Kammer zeigt die Lüge der rosa gefärbten Geschichte. Hunderte Reliquien des untergegangenen Herrschaftssystems werden hier gesammelt unter dem staatstragenden Porträtfoto von Ex-Ministerpräsident Willy Stoph: Fahnen, Wimpel, Medaillen, Orden, ein Fernseh-Sandmann, eine Leninbüste, eine Pelzkappe und zwei handgestrickte rote Socken. Es gibt auch einen wackeligen Leiterwagen. Angeblich stammt diese fahrbare Konstruktion vom letzten DDR-Bürgermeister eines brandenburgischen Dorfes. Anlass war der Brauch der arbeitenden Bevölkerung dieses Dorfes, sich bereits am frühen Morgen des 1. Mai so im alkoholischen Delirium zu befinden, dass ein geordneter Vorbeimarsch an der lokalen Partei- und Staatsführung unmöglich war. Stattdessen fuhr der findige Bürgermeister mit seiner mobilen Tribüne an den im Straßengraben befindlichen Demonstranten vorbei, und alles war in Butter. Richard von Gigantikow meint dazu: »Wenn dir bewusst wird, einen Fehler begangen zu haben, suche nach einer Notlüge.«

Also wird kräftig gelogen und die Wahrheit verbogen. Mitbringsel aus aller Welt füllen einen anderen Saal des Museums, der dem Reisen durch ferne Lande gewidmet ist. Schreine, Hüte, Schlagwerk und Souvenirs aus Bali, Thailand, Japan und China führen zu den Unwahrheiten der Urlaubsfreuden. Zentrales Ausstellungsstück ist der weltweit letzte erhaltene fliegende Teppich, der mühelos im Raum schwebt und mit den Fransen blinzelt. Hier erhält der von Friedrich Nietzsche im Zarathustra ausgesprochene Gedanke »Wer nicht lügen kann, weiß nicht, was Wahrheit ist«, eine ganz eigene Bedeutung.

Was ist das für eine seltsame Ausstellungsstätte? – Das Lügenmuseum ist ein Gesamtkunstwerk, das die jahrzehntelange Schaffensfreude einer erfrischend kindlichen Künstlerseele spiegelt. Es behandelt Illusionen, Wahrheiten und Unwahrheiten mit einer Leichtigkeit, die den Besucher inspiriert und fordert. Beginnt der eine, in Kindheitserinnerungen zu schwelgen, löst der Museumsbesuch beim anderen den spielerischen Umgang mit den kleinen Dingen der Alltagskultur aus. Maler, Musiker und Maulhelden werden ebenso angeregt wie Bastler, Tüftler und Konstrukteure, denn viele Kunstwerke geben ihr Geheimnis nur mittels einer verborgenen Mechanik preis. Lampen, Lüster und Leuchter spielen eine erhellende Rolle bei den Installationen, denn mit Licht lässt sich das munkelnde Dunkel besser erkunden.

In der *Psychedelia Maschinka*, die der Wahrheitssucher von einem schmalen Sofa aus erleben kann, wird das Spiel mit Licht und Schatten, mit Glitter und Glimmer, mit Glanz und Gleiß auf die Spitze getrieben. Dém gleichzeitig trivialen, zweckfreien und spielerischen Auf und Ab des Lebens stellt sich Sir Gigantikow mit seiner absurden Maschinerie, die er aus der Beschäftigung mit bewusstseinserweiternden Haushaltsgeräten entwickelte. Er zitiert damit Pablo Picasso, der schrieb: »Die Kunst ist eine Lüge, die uns helfe, die Wahrheit zu erkennen – aber eben als Lüge.«

Im Lügenmuseum, das auch die Geburtsstube Willy Brandts zu beherbergen behauptet, ist alles wahr und alles zugleich selbst erfunden. Im Spiel mit Fantasien, Sehnsüchten, Erinnerungen und Träumen nimmt eines der verrücktesten Museen Deutschlands seinen Besucher gefangen und verwirrt ihn kräftig. Ob derjenige, der das Institut besucht und sich darauf einlässt, als ehrlicher Mensch heimkehrt oder sich vollends der Lüge verschreibt, ist bislang unerforscht. Im Zweifelsfall kehrt er ein weiteres Mal in die Ausstellungsstätte zurück, um sich zu überzeugen, ob das Lügenmuseum überhaupt existiert.

Jedenfalls hat die Einrichtung eine wechselvolle Geschichte hinter sich und ist immer noch nicht angekommen. Nach jahrelangem Rechtsstreit wurde das Lügenmuseum im brandenburgischen Gantikow zum 22. Juli 2010 fristlos gekündigt. Das Gutshaus, in dem das Museum 20 Jahre lang residierte, musste nach einer Fristverlängerung besenrein geräumt werden. Das von dem Künstler Reinhard Zabka geführte Museum hatte sich mit seinen ungewöhnlichen Präsentationen und Aktionen in den letzten Jahren zu einem Publikumsmagneten in der Region entwickelt. Zwanzig Jahre lang konnten die Besucher erleben, wie Zabka an diesem Lügenmuseum arbeitete und seinem Leitspruch folgte: »Ziele nach dem Mond, selbst wenn du ihn verpasst, wirst du zwischen den Sternen landen.«

Inzwischen hat das Lügenmuseum einen neuen Standort im Radebeuler Gasthof Serkowitz gefunden. Auch dort haben die Lügen langfristig keinen festen Boden unter den Füßen. Die Verwaltung hat jedenfalls gekündigt und will die Künstler schnellstmöglich loswerden. Institutionell darauf hingewiesen zu werden, dass vor allem in der Politik ständig gelogen wird, scheint dem Radebeuler Oberbürgermeister dann doch zu viel.

DER VATER DER COMICS

Seine Geschichten und Figuren kennt jeder. Max und Moritz, die fromme Helene, Hans Huckebein und viele andere Bilderpossen begeistern Generationen. Wilhelm Busch, Autor der satirischen Geschichten, legte mit seinem Werk den Grundstein für die facettenreiche Comicflut, die sich inzwischen über uns ergießt. Der vielseitige Künstler gilt als Erfinder der Comics.

Am 15. April 1832 erblickt Wilhelm Busch als das erste von sieben Kindern im niedersächsischen Wiedensahl das Licht der Welt. Sein Vater ist Krämer, klein, kraus, rührig, mäßig und gewissenhaft; stets besorgt, nie zärtlich; zum Spaß geneigt, aber ernst gegen Dummheiten. Er raucht beständig Pfeifen, aber, als Feind aller Neuerungen, niemals Zigarren, nimmt daher auch keine Streichhölzer, sondern bleibt bei Zunder, Stahl und Stein oder Fidibus. Jeden Abend spaziert er allein durch das 800-Seelen-Dorf zur Nachtigallenzeit in den Wald. Wilhelms Mutter, still, fleißig, fromm, pflegt nach dem Abendessen zu lesen. Sie leben einträchtig und häuslich, so beschreibt Busch die Idylle seiner Kindheit und Jugend. Gesangbuchverse, biblische Geschichten und eine Auswahl der Märchen von Andersen sind die früheste Lektüre des Mannes, der das verträumte Fleckchen Erde namens Wiedensahl berühmt machen wird.

Es lohnt sich, von eingefahrenen Straßen abzubiegen, um Wiedensahl bei Hannover und damit Wilhelm Busch zu besuchen. Erhalten ist dort das Geburtshaus, das sich als Museum dem Andenken des Meisters widmet. Das Museum wurde 1957 gegründet und 1968 gründlich von außen und innen renoviert. Gezeigt werden das Bett des Künstlers, einer seiner berühmten großkrempigen Hüte, sein Spazierstock. Viele Bilder zeigen Motive, die der aufmerksame Betrachter in Wiedensahl und Umgebung heute noch findet. Busch liebt das stille Dörfchen »an den Grenzen der Welt, wo das Getöse der großen Maschine nur noch gedämpft zu hören ist«. Hier entstehen seine inzwischen in Millionenauflage in vielen Sprachen und Dialekten verbreiteten »Max und Moritz«. In Wiedensahl zeichnet und schreibt Busch »Die fromme Helene«, »Plisch und Plum« und die »Knop«-Trilogie. In schaumburgischer Abgeschiedenheit kreiert er muntere Bildergeschichten, die in den »Fliegenden Blättern« und den »Münchner Bilderbogen« erschienen und als Urahnen der modernen Cartoons angesehen werden.

Busch entwickelt eine ihm eigene, persönliche Bildpoesie, ein unnachahmbar typisches Wechselspiel von Zeichnung und Poesie. Seine meisterhafte Lautmalerei sticht positiv ab von der oft unbeholfenen Hilflosigkeit der Texter vieler moderner Bildergeschichten, wenn man allein die Versuche, Geräusche in Begriffe umzusetzen *(Peng!, Kracks!, Klirr!)*, vergleicht. Bei Busch macht eine Türglocke *Pingelpingel*, eine Kutsche auf steiniger Straße *Bummelbammel*

Hulterpulter; eine Statue, die vom Gesims fällt, *Klickeradoms*. Und wenn ein voll beladener Kaffeetisch umstürzt, schallt das bei Busch *Rumbumklakerakplimplink*.

Busch nimmt in seinen launigen Werken den Menschen aufs Korn, dieses zweibeinige Wesen, das schläft, isst, trinkt, heiratet, Kinder bekommt, stirbt, das vom Leben gezwackt und gequält wird, ewig zur Schule geht und doch nichts lernt. Er bleibt immer ein Philosoph mit dem Zeichenstift, ist ein Mann des bisweilen pessimistischen Humors, ein Jünger Schopenhauers.

Busch gilt als der verkörperte niederdeutsche Humor; in breiter Behäbigkeit sitzt er auf seinem Sorgenstuhl, stellt lachend seine Betrachtungen an und orakelt über sich selbst, über Welt und Menschen. Er sagt mit tiefsinniger Miene selbstverständliche Wahrheiten und mit selbstverständlicher Miene Tiefsinniges. Er freut sich an allem, das behäbig, gemütlich und bequem ist. Der Dichter liebt gutes Essen und Trinken, ruhigen Lebens- und Liebesgenuss und scheut sich nicht, die Dinge beim Namen zu nennen: »Lachen ist mir der Ausdruck relativer Behaglichkeit. Ich bin ein Mensch und erfreue mich gern an den kleinen Verdrießlichkeiten und Dummheiten anderer Leute.«

Buschs Humor ist angewandte Philosophie. Er besteht darin, dass er die einfachsten Äußerungen des Lebens, die alltäglichsten und niedrigsten Betätigungen mit den Blicken und Ansprüchen eines Philosophen misst. Der Humor des Wilhelm Busch besteht darin, in dieser kleinen, lächerlich trivialen Welt Ausblicke auf das große Sein zu eröffnen. Bei einer Ohrfeige philosophiert er über Kraftumwandlung, bei einem Maulwurf über Leben und Tod. In Kinderstreichen sieht er das Gute wie das Böse, bei harmlos scheinenden Hundegeschichten bietet er Hinweise auf Erziehungsfragen.

Die Figuren des Karikaturisten sind meist äußerlichen, schmerzhaften Unannehmlichkeiten ausgesetzt. Blut fließt dabei, und böse Buben enden in Fallen raffinierter Grausamkeit und Heimtücke. Was seinen Helden alles zustößt, in welche peinliche Situationen sie gebracht werden, wie leicht bei ihm die Requisiten umstürzen, zerbrechen, Menschen fallen, andere mit sich reißen, ist tragikomisch. Zum Schluss spielt sich oft ein ganzes Feuerwerk von Beziehungen und Verwicklungen, ein allgemeines unkontrolliertes Tohuwabohu ab.

Doch stets ist der Humor des Wortes erlösend. Man weiß, das ist doch nur ein Scherz.

Zum Zeichenstift findet Busch durch Zufall. Nachdem er sich unter dem Pseudonym »Motzhoven« an Opern versucht hat, schleppt ihn ein Bekannter in Düsseldorf in eine Malschule. Von dort gerät er nach Antwerpen, wo er zum ersten Mal die Werke alter Meister sieht. Und da selbst der Taschendieb täglich auf Arbeit ausgeht, versucht Busch sich künftig als Dichter und Karikaturist.

Zu eigenen Werken steht Busch zeitlebens in amüsierter Distanz. »Ich betrachte«, schreibt er an einen Freund, »meine Sachen einfach als das, was sie sind, als Nürnberger Tand, deren Wert nicht in ihrem künstlerischen Gehalt, sondern in der Nachfrage des Publikums zu suchen ist.«

Dass zum Erfolg aber neben dem guten Autor auch ein verständiger und weitsichtiger Verleger gehört, muss Busch bisweilen mit Verbitterung erleben. Seinen »Max und Moritz«, das mittlerweile berühmteste Kinderbuch deutscher Sprache, bietet er dem Dresdner Verleger Richter sogar kostenlos an, doch der lehnt verschlafen ab. Für ein Taschengeld verkauft Busch seine Bildergeschichte schließlich an einen anderen Verlag. Tausend Gulden, umgerechnet 1710 Goldmark, bekommt er für sein Stückchen, das ihn zum Millionär hätte machen können. Er bezahlt mit dem Honorar drückende Schulden. Und es gibt noch mehr Wolken, die den Himmel verdunkeln.

Wegen seines Buchs »Der heilige Antonius von Padua« wird er auf »Herabwürdigung der Religion und Erregung öffentlichen Ärgernisses durch unzüchtige Schriften« verklagt. Der clevere Busch dreht den Prozess um zu einer Public-Relations-Kampagne für sein neues Opus, bis er schließlich freigesprochen werden muss. Lediglich in Österreich-Ungarn und im zaristischen Russland bleibt das »Pamphlet« als aufwieglerisch verboten.

Ein ähnlich starker Renner wie der heilige Antonius wird »Die fromme Helene«, die es mit einem Priester treibt. Es ist die nach »Max und Moritz« meistgedruckte Geschichte des Zeichners aus Wiedensahl. Der bald als Kirchenfeind Verschriene spießt noch manchen Frömmler, Jesuiten und Pastor auf die Spitze seiner Zeichenfeder. Mitunter ist er dann aber auch biedermeierlich brav, verträumt, Spitzweg-like. Er lässt die Mühle am rauschenden Bach klappern, träumt von starkem Tobak und knisternden Kaminen, schließt mit Bienen und possierlichen Käfertieren Freundschaft. Das sind behagliche Ruheinseln vor dem mitreißenden Sturm der nächsten aktionsreichen Bild-Feuerwerke.

Sein Bart ist schon lange weiß, das Werk zur Vollendung gebracht, als Wilhelm Busch am 9. Januar 1908 in Mechtshausen (heute zu Seesen) im Alter von 76 Jahren stirbt. Vergessen ist er seitdem keineswegs. Im Gegenteil. Die Gemeinde der Wilhelm-Busch-Fans wächst kontinuierlich und krisenfrei und erweist ihm zum Todestag in Mechthausen ein lebendes Gedenken.

DER HOCHSTAPLER MIT DEM MONDGESICHT

Er war einst Deutschlands beliebtester Varieté-Humorist, der Zensoren wie Zuschauer gleichermaßen strapazierte, eine zugkräftige Stimmungskanone. Er liebte Frauen, den Applaus und war ein Energiebündel aus Arbeitswut und Optimismus. Otto Reutter, der bekannteste deutsche Bühnenkünstler der Vorkriegszeit, unterhielt Tausende von Menschen und war doch selbst stets einsam. Seine Geburtsstadt Gardelegen im Altmarkkreis Salzwedel feiert ihn bis heute. Doch wer Otto Reutter wirklich war, weiß kaum jemand.

Anfang der Neunzigerjahre des vorvergangenen Jahrhunderts. Karlsruhe, Künstlerlokal »Weißer Elefant«: Ein junger Mann fiebert seinem ersten Auftritt entgegen. Er ist Volkssänger. Nach langem Zureden hat ihm der Oberkellner einen alten schwarzen Frack für die Premiere geborgt. Den weißen Hut steuert der Droschkenkutscher bei in Ermangelung eines Zylinders. Lampenfiebrig steht der Debütant, schwarzweiß verkleidet, auf der Bühne und beginnt, vor Aufregung zitternd, »vom Blatt« zu singen. Es klingt fürchterlich.

Der Pianist gerät ins Schleudern, greift daneben. Schon reagiert das Publikum sauer. Da wandert die viel zu große Kopfbedeckung des Sängers nach vorne. Durch eine erschrockene Bewegung des Kopfes rutscht der Hut weiter Richtung Nasenspitze. Keine Hand rührt sich, den Topfdeckel geradezurücken. Beide Fäuste des Vortragenden umklammern das Textblatt. Das schüchterne Stimmchen singt heldenhaft weiter …

Grollte das hochverehrte Publikum bislang, entlädt es sich nun in einem Donner von Heiterkeit, Fluchen, Schreien und Schimpfen. Der Pianist schließt mit einer schrillen Dissonanz und wirft dem Künstler Bieruntersetzer an den Kopf, will ihn von der Bühne herunterziehen. Hinzu springt der erboste Droschkenkutscher und greift nach seinem Hut. Jetzt zerrt auch der würdige Oberkellner an seinem missbrauchten Frack. Doch der Herr Künstler wehrt sich trotzig. Er will sich seine Gala von niemandem vermiesen lassen. Verzweifelt kämpft er gegen die Übermacht. Er tobt, stampft mit den Füßen – und bricht durch den dünnen Bühnenboden, die »Eierkiste«. Der Durchbruch, im wörtlichen Sinne, ist geschafft!

Das Publikum tobt vor Vergnügen. Nie wieder während seines folgenden Wirkens, so erinnert sich Otto Reutter später, hat er solchen Lacherfolg erzielt.

Die Quittung für dieses Debüt steht am Tag darauf im Feuilleton der Lokalpresse: »Da wir noch nie einen humorloseren Menschen gesehen haben, so geben wir als erfahrener Kritikus dem jungen Mann den wohlgemeinten Rat, umzukehren, sich zu bessern und ein Sargmagazin zu eröffnen!« Seltsam, denn wie viel Humor Otto Reutter wirklich besitzt, weiß der Kenner des Autors dieser vernichtenden Zeilen. Der bissig-böse Kritiker ist niemand anders als der Kritisierte selber! Reutter, ganz der Humorist mit Hang zur Camouflage und Selbstironie, hat sich selbst »in der Luft zerrissen«.

Vom Schreiben versteht der zwanzigjährige Reutter einiges. Bei einem Herrn, »der viel klingendes und wenig dichterisches Vermögen besitzt«, ist er 1890 für fürstliche 300 Mark monatlich als Dramenschreiber engagiert. Er dichtet, was das Zeug hält. Um drei Werke bereichert er die Weltliteratur: »Christoph Columbus«, »Solon, der Gesetzgeber Athens« und »Moderne Spartaner«.

Sein Chef lässt es sich nicht nehmen, den eigenen Namen unter Otto Reutters Werke zu setzen. Doch der Ghostwriter wird es ihm ein Leben lang danken: »Er hat mich dadurch von drei schwerwiegenden Vorstrafen entlastet.« Als sein Brötchengeber auf den wahnsinnigen Einfall kommt, Shakespeares »Richard III.« umdichten zu lassen, läuft Reutter davon.

Bühnenerfahrung besitzt Otto Reutter ebenfalls schon. Als 18-Jähriger engagiert das epochemachende Berliner »American-Theater« in der Dresdener Straße 55 den jungen

Mann wegen seines Mondgesichts. Er darf in einer Posse das Nachtgestirn spielen: Der Mond soll ein Pärchen belächeln. Reutter muss jeden Abend hinter die Bühne und seinen käsigen Kopf durch das Loch einer als Mondnacht bemalten Kulisse stecken.

An einem Abend machen die Kollegen einen Scherz, ziehen ihm die Leiter unter den Füßen weg. Der Mond stürzt ab. Auf der Bühne agiert Martin Bendix, »der Urkomische«, die damalige Nummer eins des Varietés. Er macht gerade eine Liebeserklärung, hört das Gepolter und sagt geistesgegenwärtig zu seiner charmanten Partnerin, die Situation überblickend: »Na, komm man, Anneken, der Mond is ja ooch nich mehr da.«

»Ich komme gleich wieder. Ich will bloß Fritz'n eins in die Fresse haun«, schreit da nicht minder schlagfertig der »Mond« aus den Kulissen hervor. Und – Glück im Unglück – wieder hat Otto Reutter die Lacher auf seiner Seite.

Die Operette »Zanzibar« braucht Reutter als rußgeschwärzten Schwarzafrikaner. In seiner einzigen Szene hat er nichts weiter zu tun, als vor Neumann-Bliemchen, einem damals bekannten sächsischen Komiker, der einen Schullehrer spielt, zu knien und sein Haupt auf dessen Schoß zu legen. Der Sachse ist dann bemüht, dem Urwaldkind deutsche Kultur einzuimpfen und sein »Neger«-Haar nach Ungeziefer zu untersuchen. Ausgerechnet in dieser Rolle erlebt ihn zum ersten Male der Vater. Heimlich ist er seinem Otto nach Berlin gefolgt, zu prüfen, was an den euphorischen Erfolgsmeldungen des Sprösslings wahr ist.

»Wer ist denn der Künstler Otto Reutter«, fragt der Besucher den Kontrolleur des American-Theaters, weil er seinen Otto nicht erkennt. Zu seinem maßlosen Schrecken erfährt er: »Dat is doch der Neger, der eben gelaust wurde!« Geknickt fährt der Vater heim, tief getroffen ist seine innere Welt. »Ein Glück«, erklärt er später seiner Frau Emilie, »dass der Bengel sich Reutter nennt und unseren ehrlichen Familiennamen wenigstens nicht verschandelt hat.«

Otto Reutter wird als Sohn von Emilie und Andreas Pfützenreuter am 24. April 1870 im 7000-Seelen-Städtchen Gardelegen, Sandstraße 10, geboren. Sei es, dass ihm der vererbte Familienname nicht gefällt oder er seine Eltern nicht in sein gewähltes Schicksal hineinziehen will: Er nennt sich schon frühzeitig schlicht Otto Reutter. In der Kindheit zieht es ihn zur Kultur. Lehrstellen, die der Vater vermittelt, kündigt er nach kurzer Frist. Nicht »Heringsbändiger« oder Kaufmann will er werden – sein Platz ist die Bühne!

Verständnis findet er mit diesem Wunsch nur bei der Mutter. Emilie Pfützenreuter wurden bereits in der Kinderstube seltsame Charakterzüge nachgesagt. In früher Jugend erzählte sie ihrem jüngeren Halbbruder Karl Gruselgeschichten, dass er nicht schlafen konnte. Als Karl zur Schule ging, brachte er alle Freunde mit ins Haus. Nahte die Schlummerstunde, begann »Milchen« mit ihren aufregenden Spukgeschichten. Mit glühender Fantasie erzählte sie wundersame Geschichten, die bei ihren kleinen Zuhörern Furcht und Grausen hinterließen.

Auf der Höhe des Grusels angelangt, brach sie ab und schickte die kleine Gesellschaft über die dunklen Straßen heim. Wie abgeschossene Pfeile sausten die Burschen, denen die Haare zu Berge standen, ihren Elternhäusern zu. Dann stand Milchen am offenen Fenster und wusste das Grauen durch seltsame Laute oder hinterdrein fliegende Gegenstände noch zu erhöhen. Doch bereits am nächsten Abend sitzt die geschockte Rasselbande wieder gläubig gebannt zu ihren Füßen.

Vater Andreas Pfützenreuter, der Emilie 1869 heiratet, ist hingegen ein biederer Hausierer, der gerne mehr sein will, als er ist. Sein Leben verläuft ärmlich, sein Bildungsniveau entspricht dem bescheidenen Durchschnitt. Verständlich, dass sein Weltbild zusammenbricht, als er den siebzehnjährigen Sohn, auf dessen Erfolg er heimlich hofft, als verlausten Schwarzen auf der Bühne ausmacht.

Otto Reutter hat trotz dieser eigenwilligen Statistenrollen, trotz der üblichen Startschwierigkeiten und Schicksalsschläge Erfolg. Arbeitswut, Optimismus und Talent sekundieren. Er trägt sogenannte Couplets vor, kleine selbst verfasste Lieder, die dem Publikum Spaß machen, es amüsieren und gut unterhalten. Kurt Tucholsky, der Reutter-

Fan wird, beschreibt diese Jahre später wie folgt: »Otto Reutter sang etwas, was es im Deutschen gar nicht gibt, denn die deutsche Sprache hat keinen Namen für: Couplet, Chansons; die besseren Herren nennen das ›Song‹. Wie der Franzose unter ›le lied‹ etwas versteht, was er nicht besitzt, so haben wir keine Chansons. Wir müssen uns welche machen. Reutter hat sich welche gemacht: weit über tausend.«

Das klingt so leicht dahingesagt: Couplet, ein Lied. So schnell geschrieben wie gehört und vergessen. »Die Wege zur Unsterblichkeit sind verschieden«, lautet einer der bitteren Schlüsselsätze Otto Reutters. »Goethe schrieb zehn Jahre an seinem ›Faust‹, und ein Jongleur braucht die gleiche Zeit, um acht Kugeln in einer Hand zu fangen.« – Und wer schenkt dem Jongleur mehr als ein Lächeln? Otto Reutter tritt den Beweis an, dass auch die »unteren« Ränge der Künstlerschaft Werke hervorbringen, die genial wirken und ebenso unsterblich sind.

Vierzig Minuten dauert sein täglicher Vortrag und Otto Reutter braucht enorme Konzentration, um alles ohne Stockung zu Ende zu bringen. Er erreicht – ungeheuer für die Auffassungen seiner Zeit – ein Schank- und Servierverbot während seiner Auftritte.

»Mich macht beim Vortragen das Klappern eines Bierglases nervöser als das Klatschen von dreitausend Händen«, antwortet er entnervt, als er ein Konzert nach dem ersten

Lied abbricht, weil ein kellnernder Tölpel ein Tablett mit Tassen fallen lässt.

Um 1893 erhält der damals 23-Jährige eigene Plakate. Es gibt erste Drucke seiner Texte, die das schmale Einkommen aufbessern. Im Fachorgan, dem Düsseldorfer »Artist«, erscheinen seine Inserate. 1895 hat der »Salonhumorist« in Bern großen Erfolg. Seine Lieder sind spritzig-frech, das vornehmlich junge Publikum gebärdet sich enthusiastisch. Inzwischen hat der Vater seine Meinung über Otto grundlegend gewandelt, denn der wird doch berühmt.

Jetzt ärgert sich Andreas Pfützenreuter darüber, dass der Sohn sich Reutter nennt. Man glaubt ihm nicht, dass der erfolgreiche Reutter sein Sohn ist. Da entschließt sich der Junge, dem Vater entgegenzukommen. Ein Besuch im heimatlichen Gardelegen wird angekündigt.

Erwartungsvoll steht der Vater mit Verwandten und Bekannten bei der Ankunft des Zuges mit Sohn Otto an den Vierte-Klasse-Abteilen. Der Möchtegern-Millionär hat eine Station zuvor den Erste-Klasse-Zuschlag bezahlt und entsteigt selbstbewusst der Klasse der reichen Leute und Reichstagsabgeordneten. Dieser Auftritt überwältigt. Der Vater führt den mit einem Zylinder geschmückten Sohn durch sämtliche Winkel Gardelegens und Otto spielt bereitwillig mit. Vor jedermann fragt ihn der Vater nach der Zeit. Otto präsentiert stolz eine schwere goldene Uhr.

Mit Mühe und Not hat er etwas über tausend Mark gespart und sich einen Tausendmarkschein »zum Vorzeigen« besorgt. Stolz wie ein Pfau bittet der Vater jeden Bekannten – die meisten haben nie einen solchen Schein gesehen – die Summe zu wechseln, Otto habe so selten Kleingeld dabei.

Bei Pfützenreuters stapeln Mutter, Vater und Sohn gerne hoch. Otto hat zuvor in einem Brief an seinen Vater gelogen, er hätte statt der tausend zehntausend Mark verdient. Ottos Mutter, die den Brief abfängt, will dem Vater eine Freude machen und verändert die voranstehende Eins in eine Vier. Als Papa den Brief in die Hände bekommt, ist Reutters angebliches Vermögen auf 40.000 Mark »gestiegen«. Doch Vater Pfützenreuter reicht das nicht. Er fügt eine fünfte Null hinzu und macht Sohn Otto mit inzwischen 400.000 Mark zum Krösus. Darum kann Reutter sich vor Pumpversuchen und Darlehensgesuchen in Gardelegen kaum retten. Erschrocken über die Wirkung seines Auftritts, flieht er in dunkler Nacht.

Reutters Einkommen und seine Karriere kennen künftig tatsächlich keine Grenzen mehr. Rasant geht es aufwärts. Erfolge bescheren ihm begeisterte Berliner im »Apollo«-Theater. 1899 erhält er sein erstes Engagement im »Wintergarten«, dem berühmten Varieté am Bahnhof Friedrichstraße. Ab Mai 1900 steht er regelmäßig auf der weltberühmten Bühne unter dem Sternenhimmel.

Er schwimmt im Milieu der Jahrhundertwende, tritt mit von Exotik und Erotik umgebenen Tänzerinnen auf, die

Magnete für den »Wintergarten« sind: die Saharet, Cléo de Mérode, Loïe Fuller, La Belle Otéro und die Five Sisters Barrison, die erste Girl-Truppe auf der deutschen Bühne – Teile einer stets ausverkauften Show, die auch Otto Reutter präsentiert.

Schnell ist er der unbestrittene König des Varietés, der Künstler, über den man spricht und dessen Verse Furore machen. »Onkel Fritz aus Neu-Ruppin ging spazieren in Berlin« heißt ein Lied mit sechs Strophen, das das weltstädtische Berlin zum Gassenhauer macht. Reutter erscheint in Masken, um seine oft hintergründigen Lieder vorzutragen. Er kommt als Spreewälder Amme, Mona Lisa, Herr Neureich und deutscher Michel. Er verkleidet sich als der konservative Abgeordnete »Block« als Traumdeuter, der Aussagen verschiedener Politiker interpretiert.

Seine Couplets sind reaktionsschnelle Dichtungen, die abends das durch den Kakao ziehen, was morgens druckfrisch in der Zeitung stand. Es sind Strophenlieder voller Witz und Zeitkritik. Die poetisch-technische Machart kann man als »Ausbauverfahren« bezeichnen.

Beim Couplet ist, im Unterschied zum Bänkellied, die Aussage grundsätzlich mit jeder neuen Strophe abgeschlossen. So fehlt dem Vortrag der echte Schluss, jeder Absatz kennt seinen eigenen Höhepunkt. Reutter behandelt Themen, die in der öffentlichen Diskussion stehen: der um die Jahrhundertwende eingeführte Neun-Uhr-Ladenschluss,

Ballonfahrten, die Pariser Weltausstellung, Kriminalgeschichten, Liebesaffären. Als Wilhelm Voigt 1906 das Köpenicker Rathaus besetzt, besingt Reutter das Husarenstück des falschen Hauptmannes.

Auf der Bühne ist Otto Reutter ein sympathisch wirkender Mann, der seine Stielaugen merkwürdig verdreht und so wirkt, als verstünde er die eigenen Pointen nicht. In einem nie exakt sitzenden Frack tritt er vors Publikum, verschränkt die Hände vor dem Bauch, neigt den Kopf etwas zur Seite und legt los.

87 Pfennige betrug die Gage für seinen ersten, missglückten Auftritt im Karlsruher »Elefant«. Wenige Jahre darauf, 1897, trennen ihn nur 500 Mark vom höchstbezahlten Komiker der Nation. Dies ist ein gewisser Karl Maxstadt, der zwanzig Jahre Varieté-Erfahrung hat und monatlich 2.400 Mark macht. Aber nicht mehr lange, da ist Otto Reutter der Superstar. Im »Walhalla-Theater« in Halle, das auch Karl Valentin umjubelt, feiert der Vortragskünstler Triumphe. Den Leipziger »Krystall-Palast« füllt er lässig. Das »Magdeburger Zentraltheater«, ein Haus mit 1.800 Plätzen, ist ausverkauft, als er im März 1914 auf der dortigen Bühne steht. Immer auf Achse. Ständig auf Tournee. Mannheim, Koblenz, Darmstadt, Dortmund, Krefeld, Duisburg, Hamburg sorgen für ein glänzendes Geschäft.

Schon ist er nicht nur der bestbezahlte deutsche Varieté-Schauspieler, sondern einer der bekanntesten Deutschen der Vorkriegszeit, in vieler Hinsicht sogar der beliebteste. Zeitungen und Zeitschriften bringen immer wieder Bilder und Berichte über ihn. Markenartikel werben mit seinem Namen, so gibt es »Reutter-Zigarren«, deren Packungen sein Bild und einen Vers enthalten. Damit ist Otto Reutter buchstäblich in aller Munde.

Reutters Partner in den Jahren des Erfolges sind erfolgreiche Artisten, Turner, Radfahrer, Schuhplattler, Tänzerinnen. Gerne lässt er sich mit den Damen auf dem Schoß in Gönnerlaune abbilden. Am 16. Februar 1908 zieren Otto Reutter und die Cancan-Königin der Zeit, Saharet, das Titelbild der »Berliner Illustrierte Zeitung«. Seine Ehe mit der Badenserin Olga Nock ist nicht von Bestand, sie begleitet ihn nicht auf seinen Tourneen, da sie nach der Entbindung des gemeinsamen Sohnes Otto erkrankt.

Reutter schwärmt derweil von seiner Sekretärin Dora, die er das *blonde Gretchen* nennt. Doch diese Verbindung ist dem stressigen Geschäft des Otto Reutters nicht gewachsen. In seiner Lage macht er derbe Sprüche: »Ich traf schon manchen Charakterkomiker ohne Charakter, aber leider noch nie eine Kostümsoubrette ohne Kostüm.«

Über den Moralbegriff der Spießer witzelt er: »Ich kann das nicht sehen, sagte entrüstet ein Mucker beim Auftreten einer Nackttänzerin, weil er hinter einem Pfeiler saß.«

Erbittert bekämpft er in seinen Liedvorträgen die »Lex Heinze«, eine 1900 zum Strafgesetzbuch eingebrachte Novelle, nach der die naturhafte Darstellung des menschlichen Körpers als unsittlich gebrandmarkt wird. Dieses Gesetz wird über den Bereich der Bildenden Kunst und Fotografie auf die Literatur angewandt. Doch beim Streit für die künstlerische Freiheit vergisst Reutter die Liebe nicht. 1919 heiratet er zum zweiten Mal, wieder ist es eine Sekretärin: Evi Bendrin. Sie wird die Gefährtin seiner letzten rastlosen Jahre.

Das ständige Herumreisen, der Tagesablauf zwischen Hotelbetten und Bühne fordert nicht nur gesundheitlich Tribut. Freunde bleiben Otto Reutter wenig in dieser Zeit. Immer stärker zieht er sich in sein menschliches Schneckenhaus zurück, auf der Suche nach neuen Gags, nach neuen Liedzeilen.

Seiner Qualität tut das indes keinen Abbruch, eher das Gegenteil ist der Fall. Er gilt schon zu Lebzeiten als der Klassiker des deutschen Varietés. Doch dieser Titel will jeden Abend neu verteidigt werden. Jetzt stören die Fans, über die er sich in den Anfangsjahren freute, wenn sie ihn aufstöbern.

Ärger bekommt der Vortragskünstler auch mit der Zensur, die jeden Couplet-Text zu genehmigen hat. Originalton Reutter: »Wenn ich abends auf der Bühne stehe und meine Couplets vortrage, denkt jeder Zuhörer, die schwerste mir obliegende Arbeit sei die Abfassung dieser Vorträge. Aber das stimmt nicht, denn am schwierigsten ist es, die fertigen Couplets der Zensur gegenüber zu verteidigen. Es ist durchaus nicht selten, dass ein Zensor lachend sagte: ›Das ist ja ein ausgezeichneter, ungewöhnlich treffender Witz!‹ – und ihn strich.«

Oftmals fällt die Pointe des Couplets der Zensur zum Opfer. Das bringt Reutter auf eine Idee, die seine Popularität weiter steigert. Künftig räuspert er sich an den inkriminierten Stellen. Das kritische Publikum versteht und ist begeistert. Der Zensor tobt und verfügt: »Diese Stelle darf künftig weder gesungen noch geräuspert werden.«

Eine derartige Vortragskunst verlangt eine ausgeschlafene Zuhörerschaft, ein künstlerisch wie gesellschaftlich aufgeschlossenes Publikum, aufgeweckte Beobachter. Der Künstler legt die Ansprüche, die er an sich selbst stellt, auch der Zuhörerschaft vor. Er distanziert sich damit zugleich vom billigen Tingeltangel. Dabei ist Otto Reutter alles andere als ein kulturpolitisch radikales Element.

Kurt Tucholsky beurteilt seinen »Radaupatriotismus« von 1914 skeptisch, ist zugleich aber voller Lob über Reutters Leistung: »Welch ein Künstler! Alles geht aus dem leichtesten Handgelenk, er schwitzt nicht, er brüllt nicht, er haucht seine Pointen in die Luft, und alles liegt auf dem Bauch. Ein Refrain ist immer besser als der andere. Und er stand da und machte ein dummes Gesicht.«

Im Jahr 1925, das Zeitalter der technischen Reproduzierbarkeit, wird Otto Reutter erstmals mit seinen Titeln im Rundfunk vorgestellt. Der Erfolg ist grandios. Schallplatten, Interviews und Anekdoten unterstreichen die Popularität. Couplets entstehen, die Reutter um Jahrzehnte überleben werden. Man denke dabei nur an Titel wie »Mit der Uhr in der Hand«, »Der gewissenhafte Maurer«, »In fünfzig Jahren ist alles vorbei«, »Der Überzieher« oder »Der Blusenkauf«.

Hans Albers und Paul Graetz bewundern ihn wie viele andere Schauspieler, Sänger und Filmstars. Damen senden weiterhin rosa Briefchen mit Liebeserklärungen in seine Künstlerloge und himmeln den Meister an.

Letzte große Höhepunkte einer Karriere, die auf Genie und Fleiß baut, sind Reutters 30. Bühnenjubiläum 1929 im Berliner »Wintergarten« und ein Jahr darauf das Festprogramm, das der »Wintergarten« aus Anlass des 60. Geburtstages des Künstlers herausbringt. Es erscheint eine Festschrift, in deren humorvoller Einleitung Reutter über das Altwerden meditiert. Zu seinen Ehren treten an diesem Abend internationale Stars wie der österreichische Schriftsteller und Satiriker Alexander Roda Roda, der berühmte italienische Jongleur Enrico Rastelli, der Schweizer Clown Grock und andere berühmte Unterhaltungskünstler auf.

Im Januar 1931 startet Otto Reutter in Leipzig ein Gastspiel und wechselt täglich das Programm. Am 1. Februar hetzt er nach Breslau. Trotz zweier Herzattacken braust er mit einem Mietwagen nach Düsseldorf. Dort absolviert der mittlerweile Schwerkranke gleich zwei Vorstellungen nacheinander.

Am 1. März 1931 steht der Sechzigjährige zum letzten Mal im Rampenlicht. Zwei Tage später stirbt Otto Reutter in Düsseldorf. Das oft besungene Tempo seiner Zeit, die mörderische Hektik des Bühnenlebens, der Stress des eigenen Anspruches und das brennende Publikum haben ihre Spuren hinterlassen.

DIE LADY IM BÜCHERMEER

Es gibt Zeitgenossen, die meinen, von einer Käsetorte abzustammen. Dank der Milchsäurebakterien fühlen sie sich gegen Viren gefeit.

Andere wissen nicht, wohin mit ihrem Mammon und schießen sich mit Raketen in Raum und Zeit. Sie werden in Geschichtsbüchern verewigt, die bei Drucklegung Altpapier sind.

Wiederum andere fühlen sich wie der kleine Prinz, der auf einem Meteor zur Erde rast und die Zivilisationsgeschichte des Homo sapiens neu begründen will.

Und dann gibt es Menschen, die vom Lesen nie genug bekommen. Sie nennen das Sammeln und Stöbern in Büchern die schönste Nebensache der Welt. Auf diese Gruppe wirkt das »Bücherhotel Groß Breesen« wie ein mächtiger Magnet, der sie magisch anzieht.

Ein Bücherhotel? – Lichtgott Apollon scheint persönlich vom Himmel gestiegen zu sein, um diese Oase der Ruhe und Geborgenheit jenen zu schenken, die gern schmökern und Bücherschiffe besteigen. Die Arche pflanzte der Gott der Künste und der Literatur 80 km vom Ostseestrand entfernt ins mecklenburgische Nirgendwo. Dort findet sich heute ein verwunschenes Paradies, das mehr als 500.000 Bücher beherbergt, die gelesen, getauscht und verbreitet werden dürfen.

Unweit grüßt Güstrow, die Stadt des Malers und Bildhauers Ernst Barlach. In seinem Atelier steht seine Plastik »Der Buchleser«. Die Bronze strahlt eine meditative Stimmung aus, die den Betrachter dazu einlädt, die Stille und Konzentration des Lesens nachzuempfinden. Dieser Ausdruck tiefer Versunkenheit und innerer Ruhe ist es, der Menschen kennzeichnet, die vom Nektar des Lesens getrunken haben und nie mehr davon loskommen.

Das Bücherhotel ist ein Ort der Kraft für derartig positiv eingestellte Büchermenschen. Groß Breesen steht für eine unbeschwerte Auszeit mit Büchern, zum Lesen oder zum Schreiben. Hier dreht sich alles um die entspannte Glückseligkeit, die im Einklang mit der Natur und dem genussvollen Umgang mit Literatur erzielt werden kann.

Das Zentrum der Anlage bildet ein mit Herzblut saniertes Gutshaus aus dem Jahre 1833. Das Gebäude konserviert den Gedanken von der guten alten Zeit, in der alle Uhren ehrfurchtsvoll stehen bleiben, sobald ein Buch aufgeschlagen wird.

Hier trifft man auf die Königin des Hortes, die Herrscherin über die Bücher und ihre Besucher, die *Lady im Büchermeer:* Conny Brock.

Im Bücherhotel thront sie als stets gut gelaunte Sonne am Regiepult. Conny Brock ist Spiritus Rector, Erfinderin und Seele der Einrichtung. Seit 1992 wirkt sie in Groß Breesen, wobei sie mit liebevollem Blick auf ihre Gäste stets bestrebt ist, ihr Unternehmen voranzutreiben und weiter auszubauen.

Nach dem Freitod der DDR im November 1989 gründet die spätere Bücherfee ein Reiseunternehmen. Ausgestattet mit dem seltenen Talent unternehmerischer Weitsicht, entwickelt sie zielstrebig ihr Geschäft. Schon bald betreibt sie mehrere Reisebüros und setzt eigene Busse ein, um Europa zu erkunden. Eine ihrer Touren führt sie 1996 nach Hay-on-Wye in Wales, einen Ort, den sie durch Artikel in der Hotelfachpresse als Bücherdorf kannte.

Dort ist sie fasziniert von den alten Gemäuern, die bis unter die Dachfirste mit Büchern gefüllt sind und nur darauf warten, von Viellesern entdeckt zu werden. Das ehemalige Kino des Ortes dient nun als Herberge für Abertausende von Folianten. Diese Anblicke entflammen ihre Begeisterung ebenso wie die zahlreichen Antiquariate des ungewöhnlichen Dorfes. Hay-on-Wye, das sich 1977 als Aprilscherz zum unabhängigen Königreich erklärt hatte, war zu einer Pilgerstätte für Bücherliebhaber geworden.

Beseelt von der Vision, ein deutsches Pendant zu schaffen, ergreift Conny Brock die Gelegenheit, als ihr das einstige Gutshaus in Groß Breesen angeboten wird. Sie ist zu diesem Zeitpunkt die letzte Bewohnerin des verfallenden Gebäudes. Instinktiv entwickelt sie ihren Traum weiter: Sie will auf dem Gelände des alten Anwesens eine Oase für Bücherliebhaber erschaffen.

Heute sieht jeder Gast, wie diese Vision im Laufe von zwei Jahrzehnten Gestalt annahm und sich zu einem blühenden Gesamtkunstwerk formt. Wer von Conny Brock und ihrem Team empfangen wird, fühlt sich in den Schoß einer Familie aufgenommen.

Wie wird man Bücherhotelier? – Mit acht bekommt Conny ihr erstes dickes Buch geschenkt. Die Drittklässlerin verletzt sich beim Rodeln und muss zwei Tage das Bett hüten. In dieser Zeit erschließt ihr der schwäbische Dichter Wilhelm Hauff die Märchenwelt. Seine Geschichte vom kleinen Muck, die 1953 von Wolfgang Staudte weltweit erfolgreich mit der DEFA verfilmt wurde, zieht sie in den Bann.

Mit frisch erwachtem Appetit frisst sie sich durch die Bibliothek ihres sechs Jahre älteren Bruders, mit dem sie ein Zimmer in einer Reihenhausscheibe teilt. Russische, türkische und finnische Volksmärchen stehen auf dem Speisezettel. Bücher sind in der Familie kein Hauptnahrungsmittel. Der Vater arbeitet auf der Werft, die Mutter ist Hausfrau. Nur zum Geburtstag bekommt die Tochter Bücher geschenkt.

Mit Literatur geht es in der Schule weiter. Conny liebt ihren Deutschlehrer. Der stellt Bücher vor, die nicht im Lehrplan stehen. Sie lernt Romane von Heinrich Böll kennen. Sprache und Satzbau begeistern sie bei Wolfgang Borchert und dessen »Hundeblume«. »Der kleine Prinz« steht für sie über allem, und die Abiturzeit bringt ihr Goethes »Faust« näher. Auf den Namen »Faust« hört später ihr erster Hund …

In Hay-on-Wye macht es Klick. Conny sieht eine Mission ihrer Träume vom Leben inmitten Unmengen von Büchern. Gleichzeitig erkennt sie eine unbesetzte Marktlücke, die in Wales beispielhaft geschlossen wird.

Die Frau, die von einem Sein inmitten von Büchern träumt, geht auf die Jagd. Um ein Leben in einer gemütlichen Stube mit hohen, gut gefüllten Buchregalen und einem Ohrensessel zu führen, braucht sie Bücher. Da wird die pädagogische Hochschule bedingt durch die gesellschaftliche Wende aufgelöst.

Vor der Universität steht ein Container, bereit, die komplette Bibliothek zu verschlingen, die buchstäblich aus dem Fenster geworfen wird. Conny handelt schnell und entschlossen: Sie rettet, was sie aus dem Archiv tragen kann. Sie beginnt bei »A« und wählt wahllos Bücher aus jedem Buchstaben des Alphabets, so viele wie möglich. So sichert sie von jedem Buchstaben einige hundert Bände und legt mit insgesamt 5.000 geretteten Büchern den Grundstein für das heutige Bücherparadies.

Eines Tages klingelt ihr ehemaliger Russisch-Professor an der Tür. Er zieht in eine kleinere Wohnung und bringt ihr seine Bücher vorbei. In der Kiste ist »Anna Karenina« im russischen Original. Der alte Lehrer hatte im Studium bemerkt, dass Conny es nur in Übersetzung gelesen hatte und meinte, sie könne es ja jetzt mal im Original versuchen.

Es entsteht die Idee des Tauschens. »Bring zwei Bücher und nimm eins wieder mit« lautet die Parole, und die Leute strömen nach Groß Breesen. Hotel, Gästehaus und Keller füllen sich mit Romanen, Kurzgeschichten, Sachbüchern, Gedichtbänden, Lexika und Nachschlagewerken. Eine riesige Scheune wird saniert, in der sich die Bücher türmen. Rund 500.000 Exemplare sind es inzwischen, und es gibt keine Leseratte, die diesen Ort mit leeren Händen verlässt.

Die Königin des Büchermeers legt die Bücher wie einen flauschigen Mantel um sich. Sie will die Präsenz ihrer Schätze wahrnehmen, ihren Atem einfangen, ihren Pulsschlag hören. Ob es Texte großer oder kleiner Geister sind, ist bedeutungslos. Hauptsache, sie wurden gedruckt.

Bücher verkaufen will Conny Brock nicht, der Marktwert eines Buches lässt sie kalt. Ein Abenteuerroman ist ihr genauso wertig wie ein philosophisches Grundsatzwerk. Angebot und Nachfrage spielen im Bücherhotel keine Rolle. Hier hat die Institution Buch es geschafft, die Zeit anzuhalten. Jeder findet in dieser Bücherscheune an irgendeiner Stelle seinen Schatz.

Die Entwicklungsgeschwindigkeit des Projekts stellt die Betreiberin, ihren rührigen Mann Torsten und die buchaffine Tochter Maxi, die sich erfolgreich fachlich auf die Nachfolge vorbereitet hat, vor Probleme. Es kommen neben den Hausgästen Tagesausflügler aus nah und fern, die nur die Bücherscheune besuchen und sich vom Restaurant verwöhnen lassen wollen. An manchen Wochenenden lassen sie bis zu 5.000 neue Bücher zurück, die Unterschlupf suchen.

Die Corona-Pandemie bremste die Entwicklung positiv. Nach zwanzig Jahren kann Luft geholt und abgewogen werden. Gemeinsam mit Freunden wird die Scheune aufgeräumt, verschimmelte Bücher werden entsorgt. Die Küche bedient vorerst nur Hotelgäste. Dies führt zu einem Klima des entspannten Miteinanders, das den meisten Hotelbetrieben fehlt.

Conny, Torsten, Maxi und ihr Team engagierter Mitarbeiter und Mitarbeiterinnen betreiben das Haus mit dem Anspruch, dass es jedem »unheimlich gut gehen soll«. Gleichzeitig muss die Firma wirtschaftlich arbeiten. Diese Gratwanderung ist anspruchsvoll und verlangt Fingerspitzengefühl.

Die Bücher bilden bei allem die Kulisse, sie sind das Bühnenbild der Inszenierung. Darin besteht das Einzigartige und Unverwechselbare an Deutschlands bestem Bücherhotel. Und das Schönste daran ist: Das Konzept funktioniert und belohnt die Initiative der Betreiber mit glücklichen Gästen.

DER ARTIST, DER ÜBER DIE ZUGSPITZE LIEF

Deutschlands älteste Artistenfamilie heißt *Traber.* Die Traber gelten als Könige der Lüfte. Mitglieder der traditionsreichen Familie erklimmen Kirchen, Türme und Masten, um das Publikum in ihren Bann zu schlagen. Der tollkühne Todeslauf der Männer auf dem Drahtseil führte sie sogar über die Zugspitze.

Der Familiensitz der Traber in Breisach im Breisgau ist beladen mit erlesenen Antiquitäten und Trophäen. Dicht gedrängt stehen dort alte englische Möbel, echte Tiffanylampen, originale Jugendstilgemälde, kostbare italienische Geigen, schwere chinesische Vasen, zierliches Biedermeierporzellan. Goldverzierte Waffen hängen an dunklen Eichenbohlen, dazwischen glänzt meterlange Pythonhaut.

Das Haus wirkt wie ein verstecktes Museum, dessen Thema Leben und Wirken der ältesten deutschen Artistenfamilie ist. Frühere Generationen der Familie, die das Hochseil berühmt machte, waren noch mit einem Wohnwagen zufrieden gewesen, mit dem sie umherzogen. Ihr Leben spielte sich in engen hölzernen Waggons ab, die von

Pferden gezogen wurden. Die jetzige Generation ist sesshaft und akzeptiert die Bindung an Immobilien.

Familienoberhaupt Johann Traber kennt die Veränderungen, denen die Welt der Varietékünstler unterliegt. Er fasst zusammen: »In den letzten fünfzig Jahren hat sich im Leben der Artisten mehr getan als in den fünfhundert Jahren zuvor. Mit der Technisierung veränderten sich unsere Darbietungen. Motorräder, Autos und sogar Flugzeuge werden heutzutage auf dem Seil eingesetzt. Auch unser Familienleben hat sich geändert. Früher bestanden die Truppen aus Großfamilien mit dreißig bis vierzig Mitgliedern. Heute sind unsere Truppen schon aus wirtschaftlichen Gründen wesentlich kleiner. Kaum mehr als ein Dutzend Mitglieder geht mit auf Tournee.«

Die von Traber auf dem Seil präsentierten Shows entsprechen historischen Vorbildern. Artisten begegnen sich im »Kreuzlauf« auf dem Seil, klettern übereinander hinweg. Mit Stühlen und Stelzen wird auf dem Seil balanciert. Atemlos verfolgt das Publikum eine Stuhlpyramide. Dabei fahren zwei Räder hintereinander über das Seil. Auf einer Stange, die beide Fahrer halten, balanciert ein dritter Fahrradfahrer. Künstlerischer Höhepunkt der Shows ist die Sieben-Mann-Pyramide, bei der die Artisten in drei »Etagen« übereinander stehen.

Zu jedem Programm gehört eine atemberaubende Motorradnummer, bei der die Trabers, ohne mit der Wimper zu zucken, mit einem schweren Motorrad über das Seil brausen. Diese Nummer wird auch mit einem Auto oder einem kleinen Flugzeug über zwei parallel gespannte Drahtseile angeboten. Nervenkitzel bedeuten auch die akrobatischen Übungen auf dem bis zu 72 Meter hohen Gittermast. Sechs Meter weit schwankt die Mastspitze im Wind, auf der die Familienmitglieder ihre tollkühnen Kunststücke vorführen.

Der eigentliche Todeslauf schlägt jeden in Bann: Mit einem lichtundurchlässigen Sack über dem Kopf tastet sich der Artist auf dem Drahtseil zu Kirchtürmen, Aussichtsplattformen und Masten hinauf. Die Nerven müssen bei dieser Nummer dicker sein als das zehn Millimeter dünne Stahlseil. Jeder Fehltritt kann den Absturz bedeuten. Nur auf seine Füße darf sich der Todesläufer verlassen. Und hat er es geschafft, dann entlädt sich die Spannung des Publikums in orkanartigem Beifall.

»Natürlich haben wir Angst«, gesteht Todesläufer Johann Traber. »Wir würden lügen, behaupteten wir das Gegenteil.«

Die Geschichte des ältesten deutschen Artistenclans zu recherchieren, ist aufwändig. Verschollen und vom Winde verweht ist ein Teil der Traber-Familie, deren Anfänge sich bis in das Jahr 1512 zurückverfolgen lassen. Saurier der deutschen Artistenszene wie der greise Zauberer Curtini (1901–1975) rühmten voll Hochachtung die Leistungen der Trabers. Einstmals namhafte Hochseilartisten-Clans, wie die Familien Weisheit und Stey, die Wallendas und die Camilio-Mayer-Truppe, nannten sie die »Tollkühnsten unter Deutschlands Seilakrobaten«. Sie alle sind bzw. waren über Ecken mit der Familie Traber verwandt.

Der Ururgroßvater der heutigen Traber-Generation, Ludwig Traber, war wegen seiner Bärenkräfte und seines Wagemutes bekannt. Er zog im Sommer mit einer eigenen Seiltänzer- und Zirkustruppe umher. Im Winter residierte er im Artistenquartier des 19. Jahrhunderts, dem Komödiantenquartier Alsenborn in der Pfalz.

»Artisten jener Zeit verstanden sich als Komödianten«, erklärt Urenkel Johann. »Sie zogen von Ort zu Ort und unterhielten die Leute mit vielen verschiedenen Künsten. Da gab es Feuerschlucker und Akrobaten, Zauberer und Kraftmenschen, Gaukler und Clowns. Jeder konnte ein Instrument spielen. Auch dressierte Tiere wurden dem Publikum vorgeführt.«

Die Allroundkünstler traten ursprünglich in einer offenen Arena auf. Die Arbeitsbedingungen unter freiem Himmel waren extrem hart. Das Eintrittsgeld sammelte man mit dem Teller unter den Zuschauern ein, den viele Besucher »übersahen«. Ortsgewaltige machten es den Reisenden schwer, sich für mehrere Tage niederzulassen. Bewohner der Städte und Gemeinden blickten scheel auf die Leute mit dem exotischen Vagabundenleben. Ein derartiges Leben konnte nur bestehen, wer einen unbeugsamen Willen besaß und für seine Arbeit vieles, vielleicht sogar alles andere opferte.

Zwei der Enkel von Ludwig Traber brachten der Hochseil-Dynastie neuen Ruhm ein: Alfredo und Bruder Johann, genannt *Schany*. Die beiden entlockten mit ihren Sensationen der Weltpresse Schlagzeilen und halfen, den Weltruhm der Familie weiter zu festigen. Schanys »Traber-Schau« war vor allem auf Großveranstaltungen spezialisiert. Bis zu 150.000 Zuschauer kamen zu den Shows. Teilweise mussten ganze Stadtteile abgeriegelt werden. Der Nachfahre der Gaukler lockte die Neugierigen mit seinen Schießkünsten.

Sohn Charly erinnert sich mit Hochachtung: »Zuerst konnte das Publikum Waffen und Munition testen. Dann hat er auf die Schneide eines Messers geschossen, die Kugel damit gespalten und zwei Kerzen, die in einem Kugelfang standen, gleichzeitig ausgeblasen. Einer von uns musste einen schmalen Ehering festhalten, durch den er geschossen hat.«

Margot Traber, Witwe des 1976 verstorbenen Familienoberhauptes, begegnete ihrem späteren Mann nach dem Zweiten Weltkrieg in Baden-Baden. Über den Trümmern der Nachkriegsära lief sie selbst in oft halsbrecherischen Situationen auf dem Seil.

»Am Frankfurter Römerberg wären wir 1954 beinahe in die Trümmer abgesaust, denn alles lag noch von Bomben zerstört herum. Damals setzten wir erstmals neue Stahlgittermasten von immerhin 66 Meter Höhe ein. Auf drei Seilen jagten wir mit drei Motorrädern zum Frankfurter Dom hoch. Plötzlich gab das Seil nach! Wir hielten uns krampfhaft daran fest, sonst wären wir tief in das Ruinenfeld abgestürzt. Es war unheimlich. Heute noch träume ich von den schrecklichen Schutthalden.«

Neben grausigen Situationen im Leben jedes einzelnen Trabers gab es aber auch viele schöne Höhepunkte. Margot Traber blickt zurück: »In Bremen haben wir kurz nach der Währungsreform eine dreiviertel Million Einnahmen gemacht mit einer einzigen Show. Damals war um zehn Uhr Sperrstunde. Aber wir haben es fertiggebracht, eine Genehmigung bis Mitternacht zu erwirken. Das stand auch auf den Eintrittskarten.«

Schanys Bruder Alfredo Traber war in geschäftlichen Dingen weniger erfolgreich, dafür gilt er als der bessere Artist. Der am 2. Oktober 1980 verstorbene Seilmatador war gütig und verständnisvoll. Aufgaben, die er anderen abverlangte, absolvierte er zuerst selbst. Bis zum letzten Atemzug stand der Vollblutartist mit der totalen Körperbeherrschung auf dem Seil. Alfredo hatte sich in den dreißiger Jahren mit seiner Familie selbstständig gemacht. Zur Unterscheidung von Bruder Schanys »Traber-Schau« nannte er sein Völkchen »Traber-Truppe«.

Bester Vertrauter des Vaters war dessen ältester Sohn Henry. Er lebt zurückgezogen vom Hochseil mit seiner

Frau. Henry erinnert sich gern an jene Zeit der großen Erfolge.

»Einer musste es ja tun«, sagt er in der Rückschau nüchtern. Zwei schwere Abstürze waren sein Lohn. Zwei Dutzend Knochenbrüche kamen dazu.

Im Sommer 1953 luden Alfredo und Henry Traber Journalisten aus aller Welt auf die Zugspitze ein. Sie hatten Isar, Rhein und Donau auf dem Seil überquert, jetzt wollten sie noch höher hinaus. Hochseilartistik in 2.963 Meter Höhe sollte die Welt in Atem halten. Die Bergwacht half, die Seile mit Harpunen über die abgrundtiefen Schluchten zu schießen. Bergsteiger brachten Halterungen an. Allein die Aufbauarbeiten im Wettersteingebirge nahmen vier Wochen in Anspruch. Drei weitere Wochen hockten die Trabers mit der Journaille auf der Zugspitze bei Schnaps und Bier, um auf gute Sicht zu warten. Dann war es endlich so weit!

Alfredo und Henry Traber liefen von den entgegengesetzten Seiten des über den Gipfeln gespannten Stahlseils aufeinander zu. Sie trafen und begrüßten sich über den Abgründen, stiegen übereinander hinweg und gingen zum jeweils anderen Ende. Dann folgten atemberaubende Tricks: Auf einem Motorrad fuhr Vater Alfred auf das stählerne Seil. Unter ihm im Trapez saß sein Sohn. In der Mitte der superschmalen Fahrbahn schleuderten sie mit dem Motorrad dreimal um die eigene Achse. Der dreifache Salto mortale mit dem Motorrad auf dem Seil war geboren.

»Die Presse war überwältigt«, erinnert Henry. »Danach haben wir uns die Traber-Zugspitz-Truppe genannt.« Die Engagements stiegen sofort sprunghaft an.

Mit Hochachtung sprechen die Traber aus Breisach von ihrem »Onkel Henry«, der die Zugspitze bezwang. Sie wissen, dass Hochseilartistik eine aussterbende Kunst ist. War es früher eine Selbstverständlichkeit, dass Kinder mit auf dem Seil liefen und Frauen in der Show halfen, ist heute vieles anders. Es fehlt die Romantik der Artistengenerationen von anno dunnemals.

Der Wohnwagen wurde gegen eine Villa auf Rädern getauscht, die allen erdenklichen Komfort bietet. Reichte früher ein Küchenwagen für die gesamte Sippe, so beansprucht heute jeder Reisende sein eigenes luxuriöses Gefährt.

Mit Auftritten hat die »Traber-Schau« keine Probleme. Überall sind die tollkühnen Männer mit den Drahtseil-Nerven gefragt. Dem Publikum bleibt der ungeheure Nervenkitzel, den tollkühnen Todeslauf auf der Stahltrosse zu verfolgen.

DER KÖNIG VON SCHLOSS LILLLIPUT

Drei Uhr früh. Der Morgen graut. Nachtigallen jubilieren. Der farbenprächtigste Ort im Lande Brandenburg schlägt die Augen auf. »Schloss Lillliput« ruft seinen Meister: König Victor I. zu Fichtwald-Naundorf erwacht.

Seine Exzellenz greift einen mit bunten Scherben gefüllten Eimer und eine Silikonspritze. Er streift durch die Wandelgänge des Palasts und lauscht dem Konzert der erwachenden Natur. Gelegentlich entdeckt die Hoheit eine unvollendete Stelle und ergänzt sie im Vorübergehen mit einem blauen, gelben oder roten Mosaikstein, mit dem Henkel einer zerborstenen Tasse, mit Gebrauchsgegenständen aller Art.

Ein neuer Bauabschnitt erwartet den Prinzipal: Eine Galerie für naive Kunst wächst aus dem Nichts. Auf nur acht Quadratmetern entsteht die kleinste Kunsthütte der Welt. Knallrot mit weißen Punkten wird sie direkt am Rande des Schlossparks leuchten. Die Landesfarben Brandenburgs symbolisieren zugleich den giftigen Fliegenpilz, einen spirituell berauschenden Mitbewohner des Landstrichs.

Wie einst die Riesen Fasolt und Fafner für Wotan die Trutzburg Walhall schufen, so entwickelt König Victor seinen Palast. Getrieben von dem Gedanken, eine beispiellose Wunderwelt zu schaffen, arbeitet er seit 2010 ohne Unterlass. Feiertage und Ferien sind im Königreich Lilllliput verpönt. Hier wird geschuftet.

Am 15. Juli 2032, dem 70. Geburtstag der Majestät, soll der Bau vollendet sein. Dann hofft der Maniac, vor seinen Schöpfer und Auftraggeber zu treten, um ihm sein Lebenswerk zu präsentieren: Eine Arche des jungfräulich Schönen inmitten einer Welt, die sich selbst den Untergang beschert.

»Wer baute das siebentorige Theben«, fragt Bertolt Brecht in seinem gleichnamigen Gedicht und fand keine Antwort. Wer Schloss Lilllliput erbaut, ist dagegen notiert: Victor Niklas errichtet den Kultbau.

Sein im Sonnenlicht weithin gleißender und glänzender Palast lockt Besucher aus aller Welt ins abgelegene brandenburgische Naundorf. Die vier »l« in Lilllliput stehen übrigens für Liebe, Laune, Lust und Leidenschaft, so der Schlossherr.

Niklas sieht sich als modernen Noah. Freudig errichtet er eine funkelnde Arche. Aus einer Million handgeformter Betonkugeln ist der Gebäudekomplex erbaut. Deren Zwischenräume und Nischen bieten ideale Siedlungsräume für Singvögel und alles, was kreucht und fleucht. Über zehntausend Weihnachtskugeln wurden verbaut, sie locken Insekten an. Spinnen, Milben und Flortiere besiedeln die Ritzen und Fugen des Fantasiebaus.

Messer, Gabeln, Kannen, Töpfe, Teller, Tassen, Gläser, Blumenvasen, Kelche sind neben- und übereinander an den Wänden des Schlosses drapiert. Knöpfe, Fingerhüte, Schuhe, defekte Sicherungen, Plüschtiere, Schmuck, Kronkorken wurden eingearbeitet. Der Bestand einer Armada von Trödelläden wurde hier von Niklas verbuddelt und verbaut.

Kokosnussschalen, Schubladen, Vogelhäuschen, Knochen und gewaltige Mengen an farbigen Mosaiksteinchen und Spiegelsplittern geben dem Komplex sein unverwechselbares Gesicht. Von der Decke baumeln betagte Brillengestelle, die eine Busladung alter Damen mitbrachten.

Aus Tonnen von Kohleasche fertigte der Schlossherr Platten, mit denen er sein Wohnhaus isolierte und dämmte. Sogar der Dachboden ist damit ausgegossen. Eine Alufolie hält Funkwellen ab. So bleibt Niklas für die störende Außenwelt in seinem Niedrigenergiehaus nahezu unerreichbar.

Ein Gewächshaus wird in das kleinste Wirtshaus Brandenburgs verwandelt. Efeu beschattet den Krug und schafft angenehme Kühle. Maximal sechs Gäste finden Platz, um sich darin sattzusehen. Ob sie mit uralten hölzernen Kegeln aus Eichenholz und einer Kegelkugel, auf die der Bauherr eine Zündschnur geklebt hat, spielen wollen?

Eine für ursprünglich für eine Handvoll Personen geschaffene kleine Kapelle erwartet noch ihre Bestimmung. Bis zum Entscheid über die weitere Verwendung dient sie ihrem Schöpfer als Übungsraum für Klarinettenstücke. Dann erklingen traurige russische Weisen, die wehmütig durch den Schlossgarten wabern.

Sonnenstrahlen lugen durch das Blätterdach zwischen Wandelgängen und Prunksaal. Emsige Bienen summen im Hintergrund und beliefern die königliche Imkerei.

Doch still jetzt!

Exzellenz hebt an zu einem Vortrag: Der Herrscher von Schloss Lillllliput erzählt seine Geschichte.

2010 steht Victor Niklas, der damals noch Steffen Modrach hieß, vor einer neuntausend Quadratmeter großen Müllkippe im Flecken Naundorf im Elbe-Elster-Kreis. Er spürt: Dieses Gelände in der brandenburgischen Pampa ruft nach ihm. Hier wird er sein Schwert in den Boden stoßen und einen Garten Eden anlegen.

Die Naundorfer betrachten kopfschüttelnd, wie der seltsame Fremde aus der Deponie eine Landschaft formt und mit skurrilen Bauten verziert. Erst Jahre später respektieren sie ihren närrischen Nachbarn. Inzwischen sprechen sie mit Hochachtung von seinem Bau, der Touristen aus aller Welt anzieht.

Ach, wenn doch nur diese Besucher nicht wären! Der Palast lockt sie an wie die Motten das Licht. Sie kommen in Scharen und kratzen von außen an der prunkvollen Fassade. Alle wollen unbedingt einen Blick ins Innere werfen. Doch das ist schwer!

Vor den hungrigen Augen der Außenwelt ist Schloss Lillliliput uneinnehmbar durch eine hohe glitzerbunte Mauer geschützt. Eine Eingangstür führt ins Nichts, alle Klingeln sind Attrappen, ein Telefon existiert nicht.

Lediglich per Mail ist der Hausherr erreichbar. Punkt fünf Uhr früh schaut er in seinen Elektropostkasten und prüft, wer ihn per Netzwisch stört.

Tag der offenen Tür. Die Leute sind wie wild. Alle wollen Schloss Lilllliput besichtigen.

Publikum strengt an und raubt kostbare Zeit für die Arbeit am Werk. Dennoch braucht der königliche Baumeister Besucher. Und der Schöpfer des Ganzen inszeniert sich dann im Rahmen einer Führung selbst mit Posen und Darbietungen, die einem Staatsschauspieler in der Hauptstadt Ehre bereiten.

In tiefster Seele Melancholiker und von dunklen Seelenstürmen gejagt, saugt Victor Niklas Kraft aus dem oft unverständigen Staunen seiner Zuschauer. So beseelt er sich aufs Neue. Besucher sind Treibstoff, der seinen inneren Antrieb nährt. Der Hausherr liebt und hasst seine Gäste gleichermaßen.

Jedes Ich braucht ein Du, ist seine Überzeugung. Manche Berufsgruppen sind ein schwieriges Terrain. Lehrer beispielsweise zählen dazu, Menschen, die nie die Schule verlassen haben und keine Lebenserfahrung besitzen. Die stellen dann solch sinntiefe Fragen wie »Warum machen Sie denn das?«

Dabei würde König Victor am liebsten nur das Verhalten der handverlesen eingelassenen Besucher studieren und ihren freiwilligen Obolus kassieren. Mit Freuden verbirgt er sich deshalb, um zu hören, was sie sagen. Er setzt seine Tarnkappe auf und löst sich in seinem eigenen Kunstwerk auf.

Dazu streift er eine Jacke über, die genauso gearbeitet ist wie die spiegelnden Säle, Kammern und Kabinette seiner Heimburg. Er steht bewegungslos da mit Zauberjacke, Zauberstiefel, Zauberhut. Der König ist unsichtbar!

Schon stellt sich ein Besucher neben die vermeintliche Installation, lässt sich fotografieren und macht einen Spruch. Da knurrt ihn Niklas unvermittelt an und jagt ihm mit diebischer Freude einen Schrecken ein.

Ein Gong zerschlägt die Stille. Achtung! König Victor besteigt seine Ein-Personen-Bühne.

Der Schöpfer des Glasperlenpalasts nimmt eine Drehorgel und trägt eigene Gedichte vor. Die würden aus dem Nachlass von Heinz Erhardt stammen, behauptet er. Die Leute applaudieren, klatschen, jubeln.

Das Ensemble von Schloss Lillllliput erinnert an das Werk des Wiener Künstlers Friedensreich Hundertwasser Regentag Kunterbunt. Die Gestaltung mit geschwungenen Linien, unregelmäßigen Keramikfliesen, integrierten Kleinskulpturen, farbigen Gläsern und in die Architektur einbezogenen Bäumen und Pflanzen folgt der Lehre des österreichischen Multitalents.

Neben den Gebäuden, die dem Prinzip der geraden Linie widersprechen, errichtet Victor Niklas einen Park nach eigenen Gesichtspunkten. Er orientiert sich ausschließlich an den Bedürfnissen von Heckenbraunellen, Nachtigallen und Gelbspöttern und anderen gefiederten Sängern, die ein Obdach im Schlosspark finden.

Bachstelzen brüten in Baumhöhlen, Zaunkönige leben in Hecken. Ringelnatter und Schlingnatter sind ständige Bewohner. Bisweilen krabbelt ein Hirschkäfer durch das Ensemble.

Putten mit Schnullern und goldenen Eiern säumen den Weg. Bänke laden zum Träumen ein. Ein Rastplatz aus

Hochspannungsteilen elektrisiert die Gedanken der Gäste.

In einem farbenfrohen Abort steht neben dem Toilettenbecken ein Brunnen. Der Benutzer kann dort Wasser zum Spülen entnehmen. An einem Haselnussbaum hängen Früchte, es sind Topfkratzer aus Stahlwolle. Ob die das Toilettenpapier ersetzen?

270 Spiegel prunken in König Ludwigs Schloss Versailles. König Victor präsentiert einen Spiegelsaal en miniature: Der prunkt dafür gleich mit zehntausend kleinen Spiegelscherben. Ein bunt beklebter Backofen dient der Herstellung des eigenen Brots.

Ginkgo und Lebensbaum spenden Schatten. Der geplante Wildwuchs ist unterkoffert mit duftenden Erdbeeren. Gelegentlicher Mief von Stinkmorcheln durchweht die Anlage. Hummeln treffen sich am Fingerhut. Ein Maulbeerbaum verführt mit köstlichen Früchten. Eine Kiwi bringt zentnerweise Ertrag. Das Königreich des Victor Niklas versorgt sich selbst und ist nahezu autark.

Vom Dach ruft ein Trauerschnäpper. Mit seinem *di writz writz dipile dippe* lockt er Weibchen an. Der Besucher pilgert an einem Hundefriedhof vorüber. Hier warten schon Steine auf die noch lebenden vierbeinigen Schlossbewohner.

In einem Tiefenkeller, derzeit liegen dort Kartoffeln, möchte der Schlossherr eines Tages beigesetzt werden. Fürst Pückler, barocker Ahnherr Brandenburger Sonderlinge, machte es vor. Der ließ sich in seinem Branitzer Schlosspark in einer zwölf Meter hohen Pyramide in Salzsäure auflösen. Der nur per Ruderboot erreichbare Tumulus zählt inzwischen zum UNESCO-Weltkulturerbe.

Vorbild Hundertwasser wurde wunschgemäß unter einem Tulpenbaum im neuseeländischen Kawakawa bestattet. Briefträger Ferdinand Cheval, Erbauer des »Palais ideale« im französischen Hauterives, schuftete weitere sieben Jahre. Dann erst durfte er in seinem eigenen Mausoleum die letzte Ruhe finden. So abwegig ist der Gedanke von König Victor folglich nicht.

Den Sarg für seine Einäscherung hat er bereits vorsorglich gezimmert, einen schlichten Kasten aus Tischlerfichte. Gerne nehmen laut Niklas ältere Damen dort Platz, kommen aber nicht mehr heraus. Majestät hilft ihnen und fragt auf halber Höhe: »Gnädigste, wollen Sie nicht gleich liegen bleiben?«

Im Tod mit dem eigenen Meisterwerk verschmelzen, das hätte was! Victor Niklas könnte auch nach seinem Ableben patrouillieren und sein Anwesen bewachen. Sein Geist würde dafür sorgen, dass die Glitzerwelt nicht vom Zahn der Zeit zernagt oder von Bilderstürmern vernichtet wird.

»Mit wem habe ich es eigentlich zu tun?« –

»Ich bin ein Genie!« Der Meister ruft es aus, ohne zu zögern. Er begründet theologisch: »Ich bin gottgleich, weil Gott doch sagte, er schuf den Menschen nach seinem Ebenbilde«.

Das Genie stammt aus Herzberg, einem Ort, um den bereits Theodor Fontane einen Bogen machte. Die Kleinstadt bietet außer einem kuscheligen Café und einer Bücherkammer sowie dem Friedhof wenig Attraktionen. Modrach liebt den trostlosen Ort seiner Kindheit. Später wird er ihm ein Denkmal setzen mit der Veröffentlichung von »Modrachs Buchstabensuppe«, einer bissigen Satire, die sein Talent als Erzähler beweist.

Der Vater war Oberpauker an der Gagarin-Oberschule, ein Menschenschinder, wie der Sohn erinnert. Der Filius durchwühlt lieber die Müllkippe des Ortes. Auf dem »Gebirge der Weisheit« entdeckt er Wertiges, das andere wegwarfen, und bessert damit sein Taschengeld auf.

Im Internat der sächsischen Fischereischule in Königswartha erlernt Modrach den Beruf des Binnenfischers. Bei der Zucht von Welsen in einem vier Meter tiefen Teich im Garten von Schloss Lillllliput nutzt er heute noch sein Wissen.

Statt im nassen Element zu fischen, träumt der Junge von einem Literaturstudium in Leipzig. Doch daraus wird nichts. Er eckt immer wieder an und schafft sich durch seine Scharfzüngigkeit Feinde. Wegen politischer Vergehen wird er verurteilt. In den Zuchthäusern Hallstraße 27 in Stendal und am Magdeburger Moritzplatz atmet er gesiebte Luft.

Die Wende erlebt er als absoluten Horror. Durch Stasi-Verbindungen wird er Hausmeister beim Landtag. Dann avanciert er zum Objektleiter des Klubs für Künstler und Kulturschaffende. Er wird entlassen, steht auf der Straße. Gelegenheitsarbeiten sorgen für das tägliche Brot.

Er versucht sich als Schriftsteller und produziert autobiografisch gefärbte Werke, die er privat herausgibt. »Ich habe eine geile Schreibe. Aber ich habe nie einen Verleger gefunden«, sagt Niklas über sich selbst.

Mit einem Krimi will er den Durchbruch schaffen. Als Aushilfe in der Pathologie liegt ihm der Plot der Spielhandlung nahe: 1999 erscheint »Der Magdeburger Kopfabschneider. Die Geschichte eines Leichenschänders«. Die Veröffentlichung bringt ihm neuen Ärger ein. Tätigkeiten für die Stasi als »IM Schwarzer« werden ruchbar.

Modrach verfasst seine Biografie, um sich zu erklären. Dazu verknüpft er den Namen des TV-Clowns Ferdinand mit dem braven Soldaten Schwejk und verbindet das mit einem niederländischen Adelsprädikat. »Ferdinand van

Schweijk« wird geboren und verfasst »(K)ein Leben in der DDR: Die Geschichte des Steffen Modrach«.

Zivilprozesse stoppen die Veröffentlichung. Modrach ändert seinen Namen in Victor Niklas und zieht für einen Neubeginn 2010 nach Naundorf.

Heute gesteht der Schöpfer von Schloss Lillllipút: »Ich wollte einst ein großer Schriftsteller werden. Hier habe ich gefunden, was ich wirklich bin: ein bildender Künstler.«

Auf dem frisch erworbenen Grundstück stellt er ein Zelt auf und gründet Schloss Lillllipút. Einmal die Woche kommt seine Frau Dagmar aus Magdeburg und wirft ihm Geld und Futter über die Burgmauer. Das Bauwerk wächst. Bewohnbare Räume entstehen.

15. Juli. Ein Mittwoch im Hochsommer. Schmutzig und einsam wirkt der Schlossherr an seinem Geburtstag. Da wird es dunkel. Ein riesengroßer LKW hält vor der imaginären Zugbrücke. Auf dem Fahrzeug steht »Umzüge«. Dagmar hat den Hausstand in Magdeburg aufgelöst und ihren Job gekündigt. Sie zieht zu ihm. »Mich wirst du nicht mehr los«, sagt sie zur Begrüßung.

Mitbauen darf die Frau allerdings nicht. Niemand darf helfen. Victor Niklas will zeigen, wie ein einzelner Mensch mit seinen Händen aus einer vergewaltigten Natur ein Paradies schafft.

Dafür hat er geschworen, Tabak und Alkohol aus seinem Leben zu verbannen und keine Besucher in die privaten Wohnräume zu lassen. Deshalb kommt niemand in den Genuss, das Schlafzimmer des königlichen Paares zu erleben: eine über und über mit Nüssen bestückte Kammer. Eng an eng kleben die Früchte an Wänden und Decke. Es ist ein Raum mit eigenwilliger Atmosphäre.

Im nussigen Schlafgemach schöpft der Herr von Lillliput neue Kraft. Wie in einer Nussschale liegt er im Herzen der schimmernden Arche.

In diesem schützenden Kokon herrscht ein eigenes Klima. Behütetes Behagen wiegt den, der hier träumt. Es ist ein Gemach für ein Königspaar. Und schauen König und Königin in dunkler Nacht gen Himmel, dann sehen sie das aus fluoreszierenden Steinchen modellierte Sternbild des Großen Bären …

DER ERFINDER DER TAGESZEITUNG

Am 1. Oktober 1810 erscheinen in Preußens Hauptstadt Berlin erstmals die »Berliner Abendblätter«. Damit ist die erste deutsche Tageszeitung geboren. Es ist ein herbstlich schöner Montag und das durch Plakatanschläge angelockte Publikum staut sich vor dem Kontor des Blattes »Hinter der Katholischen Kirche Nr. 3, zwei Treppen hoch«. Gendarmen werden eingesetzt, um die lesehungrigen »Spreeathener« zu bändigen, die sich ab 17 Uhr um die druckfrisch ausgelieferten Exemplare schlagen. Über Nacht hat die Hauptstadt ihre publizistische Sensation.

Groß indes ist der Ärger über den erfolgreichen Konkurrenten in den Redaktionsbüros der »Vossischen« und »Spenerschen« Zeitung, die damals noch nicht täglich erscheinen. Der anonyme Herausgeber der »Abendblätter« muss eine exzellente Spürnase für die Neigung der Leser haben, mutmaßt die Konkurrenz. Es scheint klar, dass der Unbekannte mit dem neuen Objekt das Geschäft seines Lebens gemacht hat. Geld und Glück kann der sich die ersten Wochen hinter dem anonymen »die Redaktion« verbergende Herausgeber und Chefredakteur der »Berliner Abendblätter« gebrauchen, denn Heinrich von Kleist, der seit dem 22. Oktober 1810 auch namentlich für sein Blatt verantwortlich zeichnet, ist bisher relativ erfolglos geblieben und ständig knapp bei Kasse.

Im Februar 1810 zieht der am 18. Oktober 1777 in Frankfurt an der Oder geborene Dichter von Dresden nach Berlin, um Verleger Georg Andreas Reimer (1776–1842) näher zu sein. Ihn bedrängt Kleist um Vorschuss auf sein zum Spottpreis von 75 Talern verkauftes »Käthchen von Heilbronn«.

»Ich bitte um Geld, wenn Sie es entbehren können; denn meine Kasse ist leer«, schreibt der Autor aus seiner Wohnung in der Mauerstraße 53. »Geben Sie, was Sie wollen, ich bin mit allem zufrieden, nur geben Sie es gleich.«

Aber nicht nur die finanzielle Lage des Verfassers von »Der zerbrochene Krug«, »Michael Kohlhaas«, »Die Marquise von O.«, »Prinz von Homburg« sowie vieler anderer Bühnenwerke und Essays ist ausgesprochen mies. Auch die Anerkennung seiner Zeitgenossen bleibt Heinrich von Kleist versagt. Zwar gelingt es ihm nach seiner Ankunft in Berlin, am 10. März 1810, Königin Luise von Preußen, die Gemahlin Friedrich Wilhelms III., mit einem ihr gewidmeten Gedicht an ihrem Geburtstag zu Tränen zu rühren, doch selbst Freunde aus der literarischen Szene halten ihn für nur mäßig begabt.

Clemens Brentano bedauert Kleist wegen seines schwerfälligen Arbeitsstils, der so wenig Brentanos leichtflüssigharmloser Erzählweise entspricht. Die beiden treffen sich mit dem gemeinsamen Freund Achim von Arnim häufig im Salon des Geheimen Staatsrats Friedrich August von Staegemann mit dem Schriftsteller Karl August Varnhagen von Ense und dem Berliner Polizeipräsidenten Karl Justus Gruner.

Wie seine Freunde ihm die aufbauende Anerkennung versagten, bleiben auch Preußens Bühnen Kleists Stücken verschlossen. Sie sind zu realistisch. Da fallen Generale in Ohnmacht und preußische Adelige zeigen angesichts des nahenden Todes menschliche Regungen wie Furcht. Das ist zu viel für die Blütezeit des Idealismus und ihre Auffassung von künstlerischer Widerspiegelung. Außerdem wagt es der Autor, den königlichen Theaterpapst August Wilhelm Iffland öffentlich bloßzustellen, nachdem dieser Kleists Stücke zur Aufführung abgelehnt hatte.

In Anspielung auf die stadtbekannten homoerotischen Neigungen des Direktors des Berliner Nationaltheaters schreibt Kleist am 12. August 1810: »Es tut mir leid, die Wahrheit zu sagen, dass es ein Mädchen ist; wenn es ein Junge gewesen wäre, so würde es Ew. Wohlgeboren wahrscheinlich besser gefallen haben.« Damit hat der Autor die Chance vollends verspielt, in Berlin aufgeführt zu werden.

Auch aus Verzweiflung über die Ablehnung sind die oft harten Worte geboren, die Kleist häufiger findet und die ihm den Anstrich eines Eigenbrötlers geben. Der Dichter legt sich in seinem literarischen Ehrgeiz sogar mit Goethe an, der ihm am 1. Februar 1808 aus Weimar rät, dem Zeitgeschmack angepasst zu schreiben, und erklärt, er sei »betrübt und bekümmert«, wenn er »junge Männer von Geist und Talent sehe, die auf ein Theater warten, welches da kommen soll«.

»Vor jedem Brettergerüste möchte ich dem wahrhaft theatralischen Genie sagen: Hic Rhodus, hic salta!«, lautet Goethes Ratschlag, den Kleist nicht umzusetzen versteht. Zu sehr ist der Autor der eigenen Zeit voraus. Zu stark horcht er in sich selbst hinein als anderen zu vertrauen, um im Sinne des herrschenden Geschmacks erfolgreich zu sein.

Schon mit dem Soldatenstand und dem Verlangen nach blindem Gehorsam war Kleist nicht zurechtgekommen. Auch als Beamter wollte er sich nur ungern verdingen. »Ich soll tun, was der Staat von mir verlangt, und doch soll ich nicht untersuchen, ob das, was er verlangt, gut ist. Zu seinen unbekannten Zwecken soll ich ein bloß Werkzeug sein – ich kann es nicht.« So formuliert er am 13. November 1800 in einem Brief an seine heimliche Verlobte Wilhelmine von Zenge. Der Konflikt zwischen Anspruch und Wirklichkeit, der ihm letztlich das Genick brechen soll, war damit bereits vorprogrammiert.

Als Heinrich von Kleist in dieser materiellen und seelischen Situation die Herausgabe der »Berliner Abendblätter« angetragen wird, hält er seine Sternstunde für gekommen.

Mit Feuereifer stürzt er sich in die redaktionellen Geschäfte der ersten preußischen Tageszeitung und setzt dabei die ganze Bandbreite seiner literarischen Genialität ein. Mit der Veröffentlichung der ersten Ausgabe am 1. Oktober 1810 schlägt zugleich für Deutschland die Geburtsstunde des modernen Journalismus als Tagesschriftstellertum.

Kleist kennt sein Publikum. Der Blattmacher beweist von Anfang an Qualität. Durch den im Salon Staegemann entstandenen Draht zum Polizeipräsidenten Gruner werden den »Abendblättern« die an jedem Nachmittag veröffentlichten »Polizei-Rapporte« zur Verfügung gestellt, die Kleist redaktionell bearbeitet ins Blatt hebt. Derartige Nachrichten sind schlicht sensationell, zumal die Bevölkerung durch das Auftreten der berüchtigten »Schwarzschen Mordbrennerbande« beunruhigt ist. Nie zuvor wurden derartige Meldungen aktuell gedruckt und verbreitet. Mitteilungen über Mord, Brand und Unglücksfälle machen die »Abendblätter« sofort zur Sensation des Boulevards.

Von der achten Ausgabe an zieht das Büro der Zeitung in die Leihbücherei Kralowsky, Jägerstraße 3, um den nachmittäglichen Käufersturm zu bewältigen. Zum Preise von acht Pfennig wird die täglich außer sonntags im Verlag des Buchhändlers Eduard Hitzig publizierte Zeitung abgegeben. Die »Berliner Abendblätter« erscheinen in dem für heutige Verhältnisse unvorstellbar kleinen Format eines Oktavheftes mit jeweils vier Seiten Umfang – dem damaligen Stand der Technik entsprechend ohne Bilder. Kleist will, so erklärt er von Anfang an, nicht nur die Sensationslust der Bevölkerung stillen. Er will seine Leserschaft auffordern, »seine Bemühungen mit den Bemühungen der Polizei zu vereinigen, um gefährlichen Verbrechern auf die Spur zu kommen«. So wird der »Mordbrennerbande« tatsächlich das Handwerk gelegt.

Gleichzeitig präsentiert der Dichter und Journalist ein brillantes Feuilleton als Salz in der Suppe der »Abendblätter«. Aufsehen erregen Kleists Beiträge über Luftfahrt, die misslungene Ballonfahrt des Berliner Wachstuchfabrikanten Claudius, den traditionellen Weihnachtsmarkt und andere Anekdoten und Erzählungen. Seine berühmteste Story heißt »Über das Marionettentheater«.

Der zumindest beim Publikum exzellente Ruf der »Berliner Abendblätter« verbreitet sich schnell über die Grenzen der Hauptstadt hinaus. Die Hamburger »Nordischen Miszellen« erwähnen am 21. Oktober 1810 den Polizeibericht: »Sehr lobens- und nachahmungswert sind in der Einrichtung dieser Abendblätter die täglichen offiziellen Anzeigen der Polizeibehörde. Dies geschieht, wie die Herausgeber selbst bemerken, nicht sowohl um das Publikum zu unterhalten, sondern vielmehr, um die oft entstellten Erzählungen über an sich gegründete Tatsachen und Ereignisse zu berichtigen.«

Das in Tübingen erscheinende »Morgenblatt für gebildete Stände« urteilt: »In literarischer Hinsicht machen jetzt die

Abendblätter einiges Aufsehen, wegen der darin enthaltenen Polizeiberichte.«

Durch die Aufnahme der amtlichen Nachrichten aus dem Polizeipräsidium erhalten die »Berliner Abendblätter« einen halboffiziellen Charakter. Die andere Hälfte der aufgenommenen Meldungen und Berichte hingegen ist zumindest kritisch zu nennen und erregt deshalb das Missfallen der Obrigkeit. So versteht es Kleist, geschickt antinapoleonische Stimmungen durchblicken zu lassen. Beispielsweise informiert er über französische militärische Misserfolge in Portugal. Dies erzürnt den preußischen Außenminister Graf von der Goltz, der auf ein Bündnis mit den Franzosen setzt.

Weitere Artikel setzen sich mit aktuellen Fragen der Nationalökonomie auseinander. Hier löst die Zeitung erhebliche Debatten aus. Schließlich bringt bereits am 16. November 1810 ein Artikel gegen das Finanzedikt des Staatskanzlers Hardenberg das Fass zum Überlaufen. Autor des inkriminierten Beitrages ist Kleists Freund und Mitarbeiter Adam Müller. Der greift im Auftrag des märkischen Uradels und dessen Wortführer Friedrich August Ludwig von der Marwitz das Reformwerk der Regierung an. Spätestens damit ist das Schicksal der erst acht Wochen jungen Tageszeitung besiegelt.

Sogar König Friedrich Wilhelm III. nimmt erbost Notiz von dem Blatt, das »Misstrauen gegen die getroffenen Maßregeln der Regierung in den Gemütern der Menge erweckt«. Der bisherige offizielle Zensor der »Abendblätter«, Kleists Freund Polizeichef Gruner, wird durch einen schärferen Prüfer, den Geheimen Staatsrat Johann August Sack, ersetzt. Hardenberg sperrt darüber hinaus sämtliche amtliche Quellen wie den Polizeibericht.

Kleist begreift nicht, welch fürchterliche Konsequenzen dies alles hat. So holt er noch einmal zum Schlag gegen den verhassten Iffland aus und entfacht einen Theaterskandal wegen der Fehlbesetzung einer Rolle in dem Stück »Die Schweizerfamilie«. Seine Berichterstattung bewirkt die Absetzung einer Aufführung durch das aufgebrachte Publikum, nachdem die umstrittene Darstellerin nach der Ouvertüre die Bühne betritt. Schon am nächsten Tag reicht der entnervte Iffland seinen Abschied ein. Die Zensur jedoch reagiert mit dem Verbot der Veröffentlichung Kleistscher Rezensionen.

Auf diese Weise trocknen die »Berliner Abendblätter« zunehmend aus. Keine außenpolitischen Nachrichten mehr, keine Lokalmeldungen aus den Polizeiberichten, kein kritisches Feuilleton findet sich fortan in der Zeitung. Das über die wahren Hintergründe uninformierte Lesepublikum reagiert desinteressiert und sieht keinen Grund mehr, ein langweiliges Blatt zu kaufen, das kaum nennenswerte Originalbeiträge abdruckt.

Vergeblich sucht Heinrich von Kleist jetzt, Goethes Rat zu folgen und sich anzupassen. Doch es ist zu spät. Eine

Flut von Bittbriefen an die Regierenden bewirkt keinen Stimmungsumschwung. Hardenberg hält den Schriftsteller mit diplomatischen Wendungen hin. Auf dessen Forderung nach Ersatz für den von der Regierung durch die Zensur angerichteten materiellen Schaden hinsichtlich des Auflagen- und Imageverlustes geht der Staatsminister gar nicht erst ein.

Kleist bleibt eine nicht vollzogene Drohung, das politische Ränkespiel im Ausland zu veröffentlichen, dann ist seine Zeitung endgültig am Ende. Das ehemals so spritzige Blatt mit Lokalkolorit stellt am 30. März 1811 sein Erscheinen ein. 76 Ausgaben liegen auf dem Tisch der Zeitungsgeschichte. »Vossische«, »Spenersche« und die Regierung reiben sich die Hände. Es herrscht wieder Ruhe im Land.

Noch einmal wendet sich Kleist an Hardenberg, den er als den eigentlich Verantwortlichen für das Scheitern seines Projektes ausmacht. Vollkommen verzweifelt und bar jeder beruflichen Perspektive bettelt er um einen Redakteursposten bei einer kleinen Amtspostille. Doch auch dieser Kniefall kommt zur falschen Zeit. Da hilft auch nicht, Hardenbergs Regierungsrat Friedrich von Raumer am 22. Februar 1811 zum Duell zu fordern.

Zu der Schießerei kommt es nicht, Kleist lässt sich beruhigen. Ähnlich dem Helden seines »Michael Kohlhaas« irrt er von einer Instanz zur anderen, wendet sich an Prinz Wilhelm von Preußen und an den König selbst. Der erhoffte Erfolg bleibt aus, Kleist bricht in sich zusammen. Die eigenen Geschwister verstoßen ihn sogar als »Nichtsnutz«.

In dieser Situation ist Kleist jedes Vertrauen auf einstige Prinzipien genommen. Sein Glaube an einen unparteiischen Journalismus entpuppt sich als »Kunst, das Volk glauben zu machen, was die Regierung für gut findet«. Sein Sinn für Gerechtigkeit ist zerstört. Seine Nichtanpassungsfähigkeit hat ihm mit den »Abendblättern« die letzte echte Chance genommen. Kleists Auffassung von absoluter Wahrheit stößt sich an der komplizierten Realität des Umgangs mit der Wirklichkeit und ihrer diplomatischen Umhüllung. Seine politischen Anschauungen brechen am 17. Oktober 1811 vollends zusammen, als Friedrich Wilhelm III. Napoleon die Hand zum Bündnis gegen Russland reicht.

Heinrich von Kleist ist 34 Jahre jung, als er sich wenig später, am 21. November 1811 gegen 16 Uhr, gemeinsam mit seiner 31-jährigen krebskranken Freundin Henriette Vogel am Kleinen Wannsee bei Berlin erschießt.

Als »wunderliche Menschen, die bald ihre große Entdeckungsreise antreten« bezeichnen sich die beiden in einem Abschiedsbrief. Kleist selbst erkennt in einer letzten handschriftlichen Äußerung selbstkritisch die Tragik seines Lebens: »Die Wahrheit ist, dass mir auf Erden nicht zu helfen war.«

DER HAUPTMANN VON KÖPENICK

Mit Sympathie verfolgt die zahlenmäßig geringe Arbeiterschaft des Städtchens Tilsit am Flüsschen Njemen an der äußersten Grenze Ostpreußens die bürgerliche Revolution von 1848/49. Hoffnungen werden geweckt auf die Entmachtung des Feudalismus und die Zusammenfügung der 38 deutschen Kleinstaaten zu einem mächtigen Nationalstaat. Auch unter den Handwerkern der Stadt gärt es.

In Erwartung von Unruhen ist daher das in Tilsit stationierte litauische Dragoner-Regiment in Alarmbereitschaft versetzt worden, Aufstände sogleich mit Waffengewalt im Keim zu ersticken. Bevor allerdings mit dem Fall der Festung Rastatt der Revolution ein Ende bereitet wird und Fürsten und Adel ihre politische Macht wiederherstellen können, wird am 13. Februar 1849 schräg gegenüber der Kaserne der berittenen Truppe ein Ereignis gefeiert, das zumindest einen kleinen Kreis von Menschen für ein paar Tage von den Vorgängen in Deutschland ablenkt.

Denn an jenem Dienstag wird dem Schuhmachermeister Voigt ein Sohn namens Wilhelm geboren. Der wächst heran, gedeiht prächtig, besucht bald, da in Preußen bereits 1717 die allgemeine Schulpflicht eingeführt worden ist, die dreizügige Stadtschule von Tilsit und wechselt darauf an die Realschule, wo er ebenfalls einige Klassen absolviert. Außer Zweifel steht die Berufswahl. Wilhelm geht bei seinem Vater in die Lehre und erlernt das Schuhmacherhandwerk, einen Beruf, den mehr als eine Million Deutsche mit ihm teilen. Seine Kindheit ist ärmlich, eine Jugend bleibt ihm nicht, das durch den Tilsiter Käse berühmt gewordene Heimatstädtchen deckt ihm lediglich das Hungertuch. So geht er auf die Walz, schnürt seine Habseligkeiten und zieht hinaus in die Fremde, um das große unbekannte Glück zu suchen, das ihm Arbeit und einen vollen Magen verspricht.

Doch für den Wandergesellen bleiben nicht einmal die Krumen von den Tischen der Reichen. Wegen Bettelei wird er noch auf seiner Wanderschaft bestraft. Ausgemergelt, hungrig, herumgestoßen, vorbestraft und erst siebzehnjährig kommt Wilhelm Voigt in Berlin an. Arbeit findet er in der Alexandrinen-, Ecke Oranienstraße. Seine Umwelt hänselt den Dahergelaufenen, verulkt den Habenichts. Der sinnt auf Abhilfe und nutzt eines schönen Tages den Erhalt einer Postanweisung über einen Taler aus und verschafft sich Geld zur Verbesserung seiner Existenz. Der Junge schreibt eine »2« hinzu und ändert den auszuzahlenden Betrag damit in »21« ab.

Die Folgen seines Streichs sind fürchterlich. Wegen »intellektueller Urkundenfälschung« wird er trotz seiner Jugend, trotz der Umstände, unter denen die Fälschung begangen wurde, und trotz der Geringfügigkeit des angerichteten Schadens zu nicht weniger als zwölf Jahren Zuchthaus verurteilt. Die Strafe ist in Sonnenberg abzusitzen. Ein grausames, vollkommen unverhältnismäßiges Urteil.

Während Voigt hinter Kerkermauern zum Manne reift, greifen bedeutende Veränderungen in Deutschland um sich. Die industrielle Entwicklung dringt bis in die entlegenen Zipfel seiner ostpreußischen Heimat vor. Wilhelms Heimatort Tilsit wird an das Eisenbahnnetz angeschlossen, erhält eine Dampferstation im Njemen und später sogar eine elektrische Straßenbahn mit zehn Kilometern Länge. Die Tilsiter Zellstofffabrik gibt 1.500 Arbeitern Brot, verändert dennoch die Lage der Lohnabhängigen nicht.

Von Bismarck herausgefordert, erklärt der französische Kaiser Napoleon III. am 19. Juli 1870 Preußen den Krieg, verliert ihn und muss einen Waffenstillstand abschließen. Mit der Niederlage Bonapartes ist für Bismarck der Weg frei, über die Vollendung der Einigung Deutschlands zu verhandeln.

Am 18. Januar 1871 wird der ehemalige »Kartätschenprinz« von 1849, der die bürgerliche Revolution und damit die demokratische Einigung Deutschlands militärisch niederwarf, im Versailler Schloss gekrönt und als Wilhelm I. zum Kaiser ausgerufen. Damit ist als Ergebnis des Deutsch-Französischen Krieges im Jahre 1871 die Gründung des Deutschen Reiches unter der Vorherrschaft

Preußens vollzogen. Zugleich beginnt ein halbes Jahrhundert der Kriecherei und des Götzendienstes an Seiner Majestät, vor dem sämtliche Vasallen und Bürokraten des preußischen Staates so oft in den Staub fallen, wie es »Seine Allmacht« für nötig empfindet.

Wilhelm Voigt indes sind diese Vorgänge unbekannt. Er sitzt, von der Außenwelt abgeschnitten, hinter dicken Mauern aus kaltem Stein. Dort fristet der junge Mann sein Dasein als Mensch dritter Klasse. Unmenschlich und entwürdigend sind die Haftbedingungen des Zuchthauses Sonnenberg. Um Viertel vor fünf morgens schrillt tagaus, tagein die gnadenlose Glocke der Haftanstalt. Mürrische und unausgeschlafene Gefängniswärter öffnen die Zellentüren, damit die Häftlinge ihre Kleidungsstücke, die sie am Abend zuvor vor die Tür legen mussten, wieder an sich nehmen und schleunigst anziehen.

Bereits eine Viertelstunde später ertönt in allen 32 Zuchthäusern Preußens erneut das Glockenzeichen. Der Gefangene muss an eine in seiner Zelle aufgestellte Maschine treten und mit schwerster Arbeit beginnen. Um sechs Uhr darf er seine Tätigkeit für eine Viertelstunde unterbrechen, ein schmales Frühstück harrt seiner, schon ruft die Glocke abermals, und des Tages Stumpfsinn an der Maschine wird fortgesetzt.

Um zwölf Uhr wird dem Zuchthäusler eine Wassersuppe in die Zelle gereicht. Eine Stunde darauf wird der Gefangene wieder an die Maschine getrieben. Gegen drei Uhr am Nachmittag holt der Wärter den Verurteilten erstmals aus der Zelle, weist ihn mit barschen Worten zurecht, setzt ihm eine dunkle Gesichtsmaske auf, um jeglichen Kontakt zu seiner Umwelt zu verhindern, und lässt ihn im Zuchthaushof wie einen Ackergaul eine halbe Stunde im Kreis herumtrotten. Bei Strafe ist es verboten, stehen zu bleiben, Zeichen zu geben oder etwa mit jemandem zu sprechen.

Fürchterlich mag das jahrelange Schweigen auf die armen Kreaturen wirken, die nun wieder in ihre Zellen zurückgetrieben werden, erneut an ihre Arbeitsstätten treten und bis 18.30 Uhr weiter ihren Stumpfsinn pflegen. Dann ist der Tag beendet.

Trotz dieser inhumanen Bedingungen verhält sich Wilhelm Voigt ruhig und fleißig. Als Anhänger der Arbeiterbildungsvereine liest er viel und versucht, sich weiterzubilden. Doch das im preußischen Staat entstandene Sprichwort »Wer einmal aus dem Blechnapf frisst« soll auch an ihm nicht vorübergehen.

Kaum ist er wieder in Freiheit, spricht ihn ein ehemaliger Mithäftling an, ein Kalfaktor namens Kallenberg. Der will ihn zu einer neuen Tat verleiten, was Voigt ablehnt. Kallenberg setzt ihm zu, der Hunger stellt weitere Argumente, und als schließlich die Brechwerkzeuge auf dem Tisch liegen, willigt der Schuster ein. Gemeinsam fahren sie nach Wongrowitz und brechen dort in die Gerichtskasse ein.

Doch bevor sie einen roten Heller sehen, sind sie schon entdeckt und verhaftet. Voigt gesteht gleich alles ein, nennt seine Vorstrafen und hofft auf einen milden Spruch, zumal bei der Aktion niemand zu Schaden kam. Stattdessen verurteilt ihn das Landgericht Gnesen am 12. Februar 1891, einem Donnerstag, kurzerhand zu einer Höchststrafe von 15 Jahren Zuchthaus.

15 Jahre lang, das sind 5.475 Tage oder 131.400 Stunden, ist Wilhelm Voigt erneut ein toter Mann, ein Mensch, der, von der Außenwelt abgeschnitten, über eben diese nachdenken soll, seine Enttäuschung über erlittene Ungerechtigkeit in sich hinein frisst, fast acht Millionen Minuten lang Hass auf die ihn zugrunde richtende Gesellschaft produziert, 473 Millionen Herzschläge lang Rachepläne auf Richter, Gendarmerie und Staat schmiedet.

Als er am Montag, dem 12. Februar 1906, aus dem Zuchthaus Rawitsch entlassen wird, einen Tag vor seinem siebenundfünfzigsten Geburtstag, ist er ein stark gealterter Mann mit schütterem Haupthaar, weißem Bart und gebeugten Schultern, ein Mann, der ein Vierteljahrhundert hinter Kerkermauern verbringen musste – knapp die Hälfte seines bisherigen Lebens.

Der preußische Militarismus hat zwischenzeitlich ganz Deutschland erfasst. Dem Volk wird das letzte abgepresst, ins Unermessliche sind die Rüstungsausgaben gestiegen. Das Bürgertum zwirbelt sich die Schnurrbärte wie Kaiser

Wilhelm Zwo und versucht damit, seine Loyalität zu beweisen. Die Arbeiter sind unruhig, die bürgerlich-demokratische Revolution in Russland zeigt ihre Auswirkungen. Solidaritätsaktionen sind an der Tagesordnung, unter dem Eindruck der Geschehnisse in Russland verstärken die Lohnabhängigen in Deutschland ihren Kampf um soziale Verbesserungen und demokratische Rechte.

Wilhelm Voigt lernt dies erstaunt kennen, hat aber dennoch Hoffnung, sein Leben auf menschenwürdige Weise in Freiheit fortsetzen zu können. Anstaltspfarrer Banner hilft ihm, nach der Haftentlassung Arbeit zu finden. Dies gelingt beim Schuhmachermeister Hilbrecht in Wismar. Der will dem fleißigen Manne gern helfen, schaut nicht auf seine Vorstrafen, achtet ihn als gleichberechtigt und vollwertig.

Vom 23. Februar bis zum 21. Mai 1906 ist Voigt in Wismar tätig, dann versetzt ihm die Obrigkeit einen neuen Messerstich ins Herz. Denn über den Vorbestraften ist noch die berüchtigte preußische Polizeiaufsicht verhängt. Diese Maßnahme sollte ursprünglich der Kontrolle der aus der Haft Entlassenen dienen; sie wurde im Laufe der Jahre aber immer mehr zu einem brutalen Unterdrückungsinstrument.

Der Schuhmacher wird in Wismar auf die Polizei geladen und wegen der Polizeiaufsicht »als eine für die öffentliche Sicherheit und Moralität gefährliche Person« aus Mecklenburg ausgewiesen.

Voigt muss erneut sein Bündel packen und in die weite Welt hinausziehen. Die Grenzen des preußischen Staates darf er nicht überqueren, denn ein Antrag auf Aushändigung eines Passes wird Voigt verweigert. Er durchwandert die deutschen Lande und erleidet in nicht weniger als 30 weiteren Orten das gleiche Schicksal der Ausweisung durch die Polizei, die sich um die Wiedereingliederung des Gestrauchelten in das gesellschaftliche Leben einen Dreck schert.

Der Wanderer kehrt nach Berlin zurück, wird vor die Tür gesetzt, zieht nach Rixdorf, darf dort nicht bleiben. Er meldet sich nach Hamburg ab, bleibt jedoch heimlich in Berlin. All sein Sinnen und Trachten ist endgültig darauf ausgerichtet, der Ministerialbürokratie eins auszuwischen; den Staat in all seiner menschenfeindlichen Lächerlichkeit zu entlarven, der Untertanenfabrik des zweiten Wilhelm eine Narrenkrone aufzusetzen, die sie so schnell nicht wieder loswird. Der Plan des Hauptmanns von Köpenick ist geboren.

Am Montag, dem 8. Oktober 1906, sucht Wilhelm Voigt, der gelernte und illegal in Berlin lebende Schuhmacher, einen Trödlerladen auf und kauft von seinen letzten Ersparnissen mehrere Uniformstücke. Er stellt sich die Ausrüstung eines Hauptmannes des l. Garderegiments zu Fuß zusammen, einer Truppe, die in unmittelbarer Nähe des Kaisers wirkt. Dazu gehören ein grauer Offiziersmantel und ein Überrock, Militärhosen und eine Feldbinde, ein Degen mit Koppel und Anschlusssporen.

Einen gewünschten Helm mit Gardestern und Adler findet er nicht, darum greift er zu einer Militärmütze, die ihn gut kleidet. Voigt rasiert seinen Vollbart ab und lässt lediglich einen imposanten weißen Schnauzbart stehen, der ihm das nötige militärische Aussehen verleiht. Am Dienstag, dem 16. Oktober 1906, setzt der falsche Hauptmann seinen Plan in die Tat um.

Früh um drei Uhr steht er auf, nimmt die Uniformstücke, die er in einem Pappkarton aufbewahrt, geht zur Jungfernheide und zieht sich dort um. Aus dem vorbestraften Schuster Wilhelm Voigt aus Tilsit wird so der Hauptmann von Malzahn des I. Kaiserlichen Garderegiments zu Fuß. Seine Zivilkleidung muss der Kostümierte zurücklassen.

Er begibt sich zum Schlesischen Bahnhof und nimmt von dort um 4.43 Uhr den ersten Zug nach Köpenick, um sich mit den Örtlichkeiten vertraut zu machen und das Gelände genau zu inspizieren, bevor er zur Tat schreitet. Auf dem Weg vom Bahnhof Köpenick in die Stadt begegnen ihm allerdings wiederholt Arbeiter der großen Köpenicker Seidenfärberei, aus der Linoleum- und Glasfabrik, die hämische Bemerkungen über den kaiserlichen Offizier machen, der als Vertreter Seiner Allmacht auf Erden einsam die Straße entlang marschiert.

Der zieht sich, um Auseinandersetzungen aus dem Wege zu gehen, schleunigst zurück und kehrt nach Berlin um. Hier betritt er gegen zehn Uhr die in der Nähe der Militär-Schwimmanstalt Plötzensee gelegene Gastwirtschaft Reichel in der Seestraße 3. Er trinkt einige Glas Bier, liest Zeitung, speist zu Mittag und bricht dann satt und zufrieden gen Plötzensee auf.

Rechtzeitig zur Wachablösung trifft Voigt alias von Malzahn an der Militär-Schwimmanstalt ein. Dort ist die neue Wache eingetroffen, die alte will nach Berlin zurückmarschieren. In seiner perfekten Verkleidung geht der Schuhmacher auf den wachhabenden Unteroffizier zu, ruft ihn an und erklärt, die Mannschaft hätte sich auf allerhöchsten Befehl zu seiner Verfügung zu stellen; eine Kaiserliche Kabinettsorder ermächtige ihn, die Mannschaft zur Ausführung einer Verhaftung mit sich zu nehmen. Der Unteroffizier solle sich schleunigst nach seiner Kaserne zurückbegeben und mitteilen, dass die Mannschaft von einem Vorgesetzten, der im allerhöchsten Auftrage handele, in Empfang genommen wurde.

Der Unteroffizier salutiert, folgt willig und voll blindem Gehorsam dem schneidenden Befehl des Vorgesetzten, während sich seine Leute unverzüglich unter das Kommando des Herrn Hauptmann stellen. Der Gefreite Klapdohr wird vom Hauptmann zum Abteilungsleiter ernannt, und schon macht sich die waffenstarrende Truppe samt Hauptmann auf zum Bahnhof Putlitzstraße. Dort löst von Malzahn für die Soldaten Fahrkarten dritter Klasse, um selbst entsprechend der militärischen Rangfolge in der zweiten Klasse Platz zu nehmen.

In Köpenick, dem Ziel der Reise, angekommen, wird ein spätes Mittagessen eingenommen. Darauf lässt der Hauptmann die gesättigte Truppe vor dem Bahnhof antreten. Stiefel scharren, Waffen klirren, Kommandos ertönen. Nach der Order »Zu dreien rechts und links schwenken! Seitengewehr pflanzt auf« marschiert der geschlossene Zug los.

Um drei Uhr nachmittags kommen sie vor dem Rathaus an. Ein Doppelposten nimmt vor dem Haupteingang Aufstellung, ein anderer vor dem Ratskeller, ein Dritter vor dem Eingang in der Böttcherstraße. Niemand darf das Gebäude verlassen, niemand darf hinein. Der Rest des Kommandos stürmt das Gebäude mit aufgepflanztem Seitengewehr.

Schwere Stiefelschritte schrecken die Köpenicker Stadtverwaltung aus ihrem Büroschlummer. Energisch wird die Tür zum Arbeitszimmer des Bürgermeisters Dr. Langerhans geöffnet. Ein Offizier, gefolgt von zwei Grenadieren in feldmarschmäßiger Ausrüstung und mit aufgepflanztem Seitengewehr, tritt ein. Der Offizier, der den Mantel und die Achselstücke eines Hauptmanns des l. Garderegiments zu Fuß trägt, kommt dicht an den an seinem Schreibtisch Sitzenden heran und fragt: »Sind Sie der Bürgermeister von Köpenick?« Langerhans bejaht dies und erfährt: »Sie sind auf allerhöchsten Befehl mein Arrestant und werden sofort nach Berlin abgeführt.«

Ein siedend heißer Schreck durchzieht den Bürgermeister. Der Kaiser? – Verhaftung? – Intrige! – Ist es der Landrat, der Minister oder etwa ein Komplott strebsamer Untergebener? »Ich bitte mir …«, stammelt der Beamte, da unterbricht ihn der befehlsgewohnte Offizier schroff: »Sie haben gar nichts zu bitten! Ich habe Ihnen schon gesagt, Sie sind mein Arrestant.« Er winkt den beiden Grenadieren, die drohend bis auf zwei Schritt an Langerhans herantreten.

»Ich möchte den Haftbefehl sehen«, erklärt der Schreckensbleiche mit letzter Kraft. Doch mit von Malzahn ist nicht zu scherzen. »Meine Legitimation sind hier diese Mannschaften. Das Weitere wird man Ihnen auf der Neuen Wache in Berlin, wohin Sie jetzt transportiert werden, zeigen!«

Weitere Verhaftungen werden vorgenommen. Da steht der Oberstadtsekretär Rosenkranz, der zitternd vor dem Befehl der Majestät auf jeden Widerspruch verzichtet und mit stummer Inbrunst den Himmel um Vergebung für alle seine großen und kleinen Sünden anfleht. Inhaftiert wird Stadtkassenrendant von Wiltberg, der den Auftrag erhält, sofort die Stadtkasse vorzuzählen und den Betrag augenblicklich an den neu ernannten Hauptmann von Köpenick auszuhändigen. Sorgfältig werden 4.000 Mark und 70 Pfennige vor ihm ausgebreitet, in einem Beutel versiegelt und Herrn von Malzahn gegen Quittung übergeben. Würdig unterschreibt der Befehlsgewaltige.

Mittlerweile hat sich die Nachricht von der Verhaftung des Bürgermeisters und weiterer Staatsdiener durch eine Soldatenabteilung des Kaisers mit Windeseile verbreitet. Gerüchte legen bisweilen eine Geschwindigkeit an den Tag, die diejenige des Schalls bei Weitem übertrifft. So versammelt sich jede der rund 26.000 Köpenicker Seelen, die von der Kunde vernommen haben, vor dem Domizil der Stadtverwaltung. Polizeidiener und Gendarmen haben alle Hände voll zu tun, die Menge im Zaum zu halten. Sie dulden nicht, dass irgendjemand die Befehle des Herrn Hauptmann und neuen Stadtkommandanten von Köpenick missachtet.

Lediglich der Herr Polizeiinspektor übergeht den Befehl des kaiserlichen Abgesandten und verlässt sein Bürozimmer im Rathaus, um unterwürfig an den Gewaltigen heranzutreten. Er hat vor geraumer Zeit in der Badestube des Rathauses ein warmes Bad bestellt und bittet recht höflich, unbeeindruckt von dem Getümmel, dieses nehmen zu dürfen. Mit herablassender Freundlichkeit wird es ihm von Voigt genehmigt.

Draußen vor dem Rathaus werden Schmährufe laut. Auf Befehl des Hauptmanns sind drei Pferdefuhrwerke vorgefahren, Bürgermeister Dr. Langerhans, die Zielscheibe des Spotts, darf sich von seiner Frau verabschieden, dann werden sämtliche Arrestanten in die Fahrzeuge verladen und unter Bedeckung zur Neuen Wache nach Berlin gebracht. Seelenruhig bewegt sich der Hauptmann von Köpenick vor der Menschenmenge, den Polizeidienern, den alarmierten Stadträten und Stadtvätern, die hilflos vor dem Rathaus stehen, und gibt Befehl, in einer halben Stunde die Posten einzuziehen. Die Mannschaften sollen dann nach Berlin abrücken, er selbst wolle schon vorausfahren. Sprichts, verabschiedet sich von seiner ergebenen Truppe, begibt sich mit dem Gelde zum Bahnhof, löst eine Fahrkarte nach Berlin und fährt unbehelligt unter dem Hallo und Hurra der Menge davon. Wilhelm Voigt, Schuhmacher, Strafgefangener, angemaßter Hauptmann von Köpenick, taucht unter …

Die Worte der Empörung ob der ruchlosen Tat des kostümierten Hochstaplers bleiben dem deutschen Militarismus und den Kaisertreuen im Hals stecken. Eine internationale Sympathiewelle schlägt dem Räuberhauptmann von Köpenick entgegen ob seiner gelungenen Entlarvung des deutschen Obrigkeitsdenkens und Untertanengeistes.

Als Wilhelm Voigt nach langem Rätselraten der Behörden durch Denunziation verhaftet wird, brandet die Forderung nach Freiheit für den »Hauptmann« auf. Die deutsche Linke prangert die Verhältnisse an, denen Voigt zum Opfer fiel, die unmenschlichen Zuchthausstrafen, die Polizeiaufsicht und Ausweisungsmethoden, Gewalten, die ihn immer wieder auf die Bahn des Verbrechens drängten und letztlich zu seinem Schelmenstück veranlassten.

So muss Voigt, der wegen seiner Taten in Köpenick vom Königlichen Landgericht II in Berlin am 1. Dezember 1906 zu vier Jahren Haft verurteilt wird, auf Druck der Öffentlichkeit vom verhöhnten Kaiser begnadigt werden. Am Sonntag, dem 16. August 1908, wird er um 15.55 Uhr aus dem Gefängnis Tegel entlassen.

Von nun an ist Voigt ein Liebling des Publikums, das die Monarchie hasst und nichts sehnlicher wünscht als die Republik. Der »Hauptmann von Köpenick« tritt im Passage-Panoptikum auf und verkauft Postkarten zugunsten Notleidender. Zehntausende Berliner kommen, ihn zu sehen und mit ihm zu sprechen. Sie wollen aus eigenem Munde von seinem Schelmenstück erfahren. Da verbietet der Berliner Polizeipräsident sein Auftreten kurzerhand und versucht erneut, den Unbequemen loszuwerden.

Weiter gilt die berüchtigte Polizeiaufsicht; wo er auch auftaucht, wird Wilhelm Voigt verhaftet, in den nächsten Zug gesetzt und abgeschoben. Wo er erscheint, sind ihm die Sympathien der Bevölkerung gewiss, wird seine Ankunft zu einer Demonstration gegen »Preußens Gloria« und den Polizeigeist. Die Menschen jubeln ihm in Kiel, Leipzig, Duisburg und Lindau zu, in Holland, Frankreich, England und in den USA zieht er mit seinem Auftreten das untergehende Preußentum durch den Kakao. In Luxemburg findet er Ruhe, betrachtet besorgt die politische Entwicklung, den Weltkrieg eins mit all seinen Folgen, schmunzelt über die Flucht des zweiten Wilhelm nach Holland und begrüßt die deutsche Republik aus ganzem Herzen.

Am 3. Januar 1922 stirbt Wilhelm Voigt, der als Hauptmann von Köpenick zur Legende gewordene Schuhmacher aus Tilsit am Njemen, wenige Tage vor seinem 73. Geburtstag. Der Name des Sonderlings aber steht seitdem als Synonym für das Aufbegehren gegen Obrigkeitsgeist und blinden Gehorsam.

DAS LETZTE KREUZBERGER ORIGINAL

Rund 70 Kilometer nördlich von Berlin, in Bergsdorf bei Zehdenick, zog ein liebevoll restaurierter Vierseithof jahrelang Kunstfreunde aus aller Welt an. Dieser Hof war das Reich des Kreuzberger Malerpoeten Kurt Mühlenhaupt, dem letzten Berliner Original.

Es gibt wohlhabende Menschen, die ihr Vermögen kunstfördernd einsetzen. So soll der Kunsthof Bergsdorf nach dem Wunsch eines chinesischen Investors zu einer Art asiatischer Villa Massimo werden. Doch das ist eine andere Liga, in der Kurt Mühlenhaupt kaum freiwillig mitgespielt hätte, denn er zählte sich zu den »kleinen« Leuten.

Im Sommer 2019 zog das Mühlenhaupt-Museum von Zehdenick zurück in Kurt Mühlenhaupts alte Wirkungsstätte nach Berlin-Kreuzberg. Seitdem ist sein Geist im Herzen des alten »Berlin 61«-Kiezes in der Kreuzberger Fidicinstraße 40, 10965 Berlin, präsent und erinnert an das letzte Kreuzberger Unikum.

Kurt Mühlenhaupt wird am 19. Januar 1921 auf einer Bahnfahrt von Prag nach Berlin in einem Zug geboren. Als Geburtsort wird das nahe gelegene Klein Ziescht eingetragen. Seine Eltern sind bettelarm und leben aus Geldnot in einer Laubenkolonie in Tempelhof.

1932 zieht die Familie nach Blankenfelde am Stadtrand von Berlin. Das aufgeweckte Kind will Bildhauer werden, ein für einen Sprössling aus armen Verhältnissen unrealistischer Wunsch. Mühlenhaupt beginnt eine Lehre als Modelltischler.

Nach der Lehre folgt eine Ausbildung zum Fallschirmjäger. Beim Absprung über Kreta wird er angeschossen; seine linke Hand bleibt für immer steif, und auch am Bein fehlt ein Stück. Trotz seiner Verwundung wird er erneut eingezogen, landet aber wegen Aufsässigkeit in einer Strafkompanie.

Durch Hamsterfahrten und illegalen Tabakanbau überlebt die Familie das Kriegsende. Mühlenhaupt malt, wann immer er kann, und wird dabei von Karl Hofer, dem Direktor der Berliner Hochschule für bildende Künste (HfBK), auf den Rieselfeldern entdeckt.

Mühlenhaupt beginnt ein Studium an der HfBK. Sein Wunsch, Schüler des Expressionisten Karl Schmidt-Rottluff zu werden, wird von diesem schroff abgelehnt: »Aus Ihnen wird nie ein Maler, Sie sind zu grau.«

Kurt Mühlenhaupt verfällt in eine tiefe Depression und verbringt lange Zeit in der Psychiatrie Berlin-Buch.

Als er sich wieder aufrappelt, arbeitet er als Tierzüchter, Trödelhändler, Schnürsenkelverkäufer und Leierkastenmann in Berlin-Kreuzberg, wo er seit 1958 lebt. Das Milieu schenkt ihm die Motive, für die er später berühmt werden soll. 1960 nimmt er erstmals an der Großen Berliner Kunstausstellung teil.

Zwei Jahre später kauft er eine heruntergekommene Kaschemme in der Zossener Straße 1, die sich schon bald zum angesagten Künstlerlokal »Leierkasten« entwickelt. Dort finden legendäre Feste statt, bei denen Günter Grass, Wolfgang Schnell, Günter Anlauf und Günter Bruno Fuchs gern gesehene Gäste sind.

Mühlenhaupts Atelier am Kreuzberger Chamissoplatz wird zu einem Treffpunkt für Künstlerfreunde aus nah und fern. Schnell wird Kurt Mühlenhaupt DER typische Kreuzberger Milieu-Maler, der in einem Atemzug mit Heinrich Zille und Otto Nagel genannt wird, und er kann von seiner Arbeit leben.

Auf der Freien Berliner Kunstausstellung (FBK) – dem bedeutendsten Forum für bildende Künstler und Fotografen in Westberlin – zeigt alles, was Rang und Namen haben will, seine Kunst.

Kurt Mühlenhaupt gründet mit Freunden die Gruppe »Malerpoeten«. Wer damals das von Mühlenhaupt ausgestellte Ölgemälde »Meine Hauswartsfrau« für 1.600 DM erwarb, tätigte ein gutes Geschäft angesichts der späteren Entwicklung des Kunstmarkts.

Nachdem er 1975 aufgrund von Sanierungsmaßnahmen aus seinem Atelier ausziehen muss, erwirbt Mühlenhaupt ein Gehöft in Berlin-Kladow. Dort residiert er in einem wunderschönen Bauernhof aus dem 19. Jahrhundert am Sakrower Kirchweg. Auf diesem Hof schafft er den großen Feuerwehrbrunnen für den Kreuzberger Mariannenplatz, der bis heute beeindruckt.

1981 erhält Kurt Mühlenhaupt erstmals staatliche Anerkennung durch eine umfangreiche Retrospektive in der »Kunsthalle« an der Gedächtniskirche, geleitet von Dieter Ruckhaberle. An der Geschichte dieses Museums lässt sich übrigens exemplarisch nachweisen, wie liberale Kulturpolitik und ein entsprechender Durchsetzungswille Kunstgeschichte schreiben kann.

Nach der Wende zieht es Kurt Mühlenhaupt in das zuvor unerreichbare Berliner Umland. 1990 kauft er mit seiner zweiten Frau Hannelore einen Gutshof in Bergsdorf (Brandenburg). Die Entwicklung dieses verfallenen Barockensembles zum Museum ist für Kurt Mühlenhaupt das letzte große Abenteuer, in dem er bis zu seinem Tod am 16. April 2006 von einer Begegnungsstätte für sein Publikum träumt.

Seitdem pflegt Hannelore Mühlenhaupt sein Vermächtnis im Rahmen einer Stiftung. Bei ihrer Rückkehr nach Berlin hatte sie wohl kaum erwartet, wie kalt Berliner Behörden sein können. Berichte in der Presse machen den Amtsschimmel auf die alten Gewölbe aufmerksam, in denen sie Mühlenhaupts Werke ausstellt, und sie drohen mit der Schließung.

»Die alten Gewölbe sind ein besonderes Vergnügen für Kinder«, sagt Hannelore Mühlenhaupt. »Es ist ein geheimnisvoller Ort, der die kindliche Fantasie anregt. Manchmal hat man den Eindruck, dass gleich eine tapfere Schar von Hobbits um die Ecke kommt, angeführt von Frodo.«

Statt Hobbits kommen in Berlin Beamte. Zum Glück hat sich eine engagierte Mannschaft des Grünflächenamts zur Verteidigung bereit erklärt. Dennoch bleibt es fraglich, ob jemals wieder Großartiges in diesem Gebäude stattfinden kann, da der Brandschutz Bedenken äußerte.

Hannelore antwortet bissig: »Schinkel hat vergessen, eine Berieselungsanlage einzubauen und keinen zweiten Fluchtweg vorgesehen. Da hätte er doch mal die Bauordnung besser studieren sollen.«

Eine andere Behörde verlangt eine Prüfung der Statik des Gebäudes. Bislang hatte niemand bemerkt, dass an Silvester hunderte Menschen auf dem Sockel und den Treppen zum Denkmal das neue Jahr begrüßen, doch nun wird plötzlich die Tragfähigkeit des Gebäudes infrage gestellt.

Dagegen regt sich Widerstand und treibt Team Hannelore zum weiteren Ausbau der Stätte an. Besucher können jetzt spontan vorbeikommen und am Eingang eine Karte kaufen. Speziell für Großeltern mit Enkeln gibt es maßgeschneiderte Angebote.

Kurt Mühlenhaupt ist ein Multitalent. Er hält das Berlin der 60er- und 70er-Jahre in Gemälden und Grafiken fest, prägt das Stadtbild als Bildhauer und schreibt zahlreiche Bücher. Sein Interesse gilt immer den Szenen des Alltags, seinen Nachbarn, den kleinen Leuten.

Deshalb liegt es nahe, dass er auch Kinderbücher illustriert oder schreibt. 1972 erschien das Bilderbuch »Das Märchen vom kleinen Herrn Moritz« mit Texten von Wolf Biermann.

Kurt Mühlenhaupt bewahrt sich zeitlebens kindliches Staunen und Neugierde. Kinder liegen ihm am Herzen. Er versteht ihre Bedürfnisse, nimmt sich Zeit für sie, malt sie in ihrem Alltag und schreibt und gestaltet viele Bücher für sie.

Eine Ausstellung macht Kurt Mühlenhaupts Welt für Kinder zugänglich. Sein Buch »Rüben Fische Eierkuchen« wird mit den Originalzeichnungen präsentiert. Ein angedeuteter Berliner Hinterhof lädt zum Malen, Zeichnen mit Kreide, Murmeln, Hüpfen und Lesen ein.

An den Wochenenden gibt es offene Druckkurse, an denen jeder ohne Anmeldung und kostenfrei teilnehmen kann.

Malerpoet Kurt Mühlenhaupt und seine Kinderbücher bieten einen Einblick in das Berlin einer vergangenen Zeit. Großeltern können ihren Enkeln so die Erlebnisse und Spiele ihrer eigenen Jugend näherbringen. Die zeitlosen und ortsungebundenen Themen sprechen Kinder auch heute noch an und begeistern sie. So wird die Erinnerung an das letzte Berliner Original wachgehalten.

DER MANN OHNE SCHATTEN

Im brodelnden Hexenkessel Berlin kreuzen und verschmelzen sich die historischen Linien der Stadt am Chamissoplatz. Dieser von Bäumen gesäumte stille Ort in Kreuzberg trägt den Namen von Adelbert von Chamisso, einem Mann, der als Dichter und Wissenschaftler die Grenzen seiner Zeit überschritt. Rund um den Platz spürt man die Stille, die eine merkwürdige Ruhe in das sonst so belebte Viertel bringt – eine Ruhe, die Chamisso vertraut angenehm wäre.

Der Platz selbst bietet eine sanfte Reflexion über Chamissos Leben und Werk. Hier, wo Kinder spielen und Alte auf Bänken die Zeit verstreichen lassen, fühlt sich die Welt ein wenig wie ein Echo von Chamissos eigenen Reisen an, die ihn fern der Heimat über die Meere trugen. Chamisso, der in Deutschland ein Zuhause fand, nachdem er aus seinem Geburtsland Frankreich fliehen musste, verbrachte sein Leben zwischen den Welten – nicht nur geografisch, sondern auch in der tiefen Spaltung zwischen seiner literarischen Schöpfung und der naturwissenschaftlichen Forschung.

Die Wege und die schattigen Ecken des Chamissoplatzes laden Besucher dazu ein, einen Moment zu verweilen und über das Vermächtnis von Adelbert von Chamisso nachzudenken. Vielleicht über seine berühmteste Erzählung »Peter Schlemihl«, die Geschichte des Mannes, der seinen Schatten verkauft und damit tiefgreifende Fragen über Identität und Zugehörigkeit stellt – Fragen, die Chamisso selbst sein Leben lang beschäftigten.

Kann ein Mensch ohne seinen Schatten existieren, und welche Bedeutung mag dieser geheimnisvolle Begleiter für das eigene Selbst haben? – Adelbert von Chamisso stellte sich dieser philosophischen Fragestellung, indem er die Geschichte eines Mannes erzählt, der seinen Schatten verkauft – eine Handlung, die auf den ersten Blick ebenso phantastisch wie absurd anmutet. Doch diese Geschichte macht den Dichter unsterblich.

Adelbert von Chamisso, geboren am kalten Wintertag des 30. Januar 1781 als Louis Charles Adélaide de Chamisso de Boncourt, erblickt das Licht der Welt in den ehrwürdigen Hallen von Schloss Boncourt, eingebettet in die sanften Hügel der Champagne. Als vierter Sohn eines alten, aber verarmten lothringischen Adelsgeschlechts, trägt er das schwere Erbe einer Familie, die bald von den Umwälzungen der Französischen Revolution erschüttert werden sollte.

Im Jahr 1790, als die Schrecken der Revolution ihre Schatten vorauswerfen, muss seine Familie fliehen und findet über verschlungene Wege durch die Niederlande und Süddeutschland schließlich 1796 in Berlin eine neue Heimat. In der preußischen Metropole besucht Adelbert das hugenottische Französische Gymnasium, eine Schmiede des Geistes, die seinen Weg nachhaltig prägen sollte.

In Berlin eröffnen sich Adelbert neue Welten. Als Page in den Diensten von Luise Friederike von Preußen, einer Tochter des jüngsten Bruders von Friedrich dem Großen, erhält er Einblicke in die Höfe und Hallen der Macht. Doch die Uniform eines Pagen tauscht er bald gegen die eines Soldaten, als er 1789 in die preußische Armee eintritt. Der Militärdienst, der ihn bis 1807 begleiten sollte, lässt in ihm jedoch keine Leidenschaft für die Waffen, sondern für die Worte entflammen.

In der pulsierenden intellektuellen Atmosphäre Berlins beginnt Adelbert von Chamisso seine literarische Karriere. Zusammen mit Karl August Varnhagen von Ense gibt er ab 1804 den »Berliner Musenalmanach« heraus, ein Sammelbecken für die Gedanken und Gedichte der bedeutendsten Dichter seiner Zeit, darunter Uhland, Kleist und Fouqué. Chamisso selbst beginnt, sich der Botanik zu widmen, einer Wissenschaft, die ihn fortan nicht mehr loslassen wird.

Doch der wahre Durchbruch als Dichter gelingt ihm 1814 mit der Veröffentlichung seiner phantastischen Erzählung »Peter Schlemihl«, die Geschichte des Mannes, der seinen Schatten verkauft. Geschrieben während eines ruhigen

Sommers auf Schloss Kunersdorf, reflektiert das Werk Chamissos eigene Gefühle der Entwurzelung und Identitätssuche. Der Erfolg ist überwältigend und macht ihn über Nacht zu einer literarischen Berühmtheit.

Dieses schmale Werk, zunächst gedacht als Unterhaltung für Kinder, wächst schnell über seine anfänglichen Grenzen hinaus und wird zu einem literarischen Phänomen. In der Erzählung verkauft der Protagonist Peter Schlemihl seinen Schatten an einen mysteriösen grauen Mann im Tausch gegen ein Glückssäckel, das nie leer wird. Bald jedoch muss Schlemihl erkennen, dass der Besitz von Reichtümern ohne einen Schatten – ein Symbol für menschliche Substanz und Moral – ihn zum sozialen Außenseiter macht. Verzweifelt versucht er, seinen Schatten zurückzuerlangen, und begibt sich auf eine odysseeartige Reise, die ihn letztlich zu einer tiefen Erkenntnis über das wahre Wesen von Glück und menschlicher Identität führt.

Chamisso selbst empfindet stets eine tiefe Verbindung zu seinem Protagonisten. Als ein Mann ohne Vaterland, der seine Heimat verliert und immer wieder nach Identität und Zugehörigkeit sucht, spiegelt Schlemihls Verlust des Schattens Chamissos eigene Entwurzelung wider. In einem Brief erwähnt Chamisso, dass die Geschichte aus einem Bedürfnis entstand, sich selbst und die Kinder eines Freundes zu unterhalten, während die Welt um ihn herum von den Napoleonischen Kriegen erschüttert wurde.

Der Schatten, mehr als nur eine flüchtige dunkle Gestalt auf sonnenbeschienenem Grund, ist in vielen Kulturen ein Symbol der Seele, des verborgenen Selbst oder der dunklen Seiten unserer Psyche. Diese kulturellen Deutungen verleihen dem Schatten eine metaphysische Schwere: Er wird als integraler Bestandteil des Menschen gesehen, eine Art zweites Ich, das stets die Präsenz seiner moralischen und psychologischen Tiefe bezeugt.

In Chamissos erzählerischem Universum wird Schlemihl nach dem Verkauf seines Schattens von der Gesellschaft verstoßen; sein schattenloses Dasein löst Misstrauen und Furcht aus. Dieser soziale Ausschluss, den Schlemihl erfährt, spiegelt zeitlose Ängste wider – die Angst vor dem Unbekannten und die Ablehnung des Andersartigen. Hierdurch wird der Schatten zu einem Sinnbild für Identität und Zugehörigkeit, deren Verlust Schlemihl in eine tiefe existenzielle Krise stürzt.

Der Kern von Chamissos Geschichte kreist um die Frage, ob ohne die dunklen, oft verborgenen Teile unserer Identität – verkörpert durch den Schatten – ein wahrhaft vollständiges oder gar glückliches Leben möglich ist. Schlemihls anfänglicher Tausch, sein Schatten gegen Fortunats unerschöpfliche Börse, illustriert eindrücklich, dass materieller Reichtum nicht in der Lage ist, den Verlust innerer Ganzheit zu kompensieren. Seine Reise, begleitet von der fortwährenden Dokumentation seiner Erlebnisse, wird zur Metapher einer Suche nach Sinn und Selbstakzeptanz in einer Welt, die ihn ob seiner makellosen Erscheinung verstößt.

In unserer Ära, geprägt von der Allgegenwart sozialer Medien und einem zunehmend kuratierten öffentlichen Image, erlangt Chamissos narrative Erforschung der Spaltung zwischen öffentlicher Darstellung und privatem Sein neue Dringlichkeit. Die Erzählung fordert uns heraus, über das Wesen dessen nachzudenken, was uns definiert: Ist es das Bild, das wir der Welt präsentieren, oder sind es die Schatten unserer verborgenen Tiefen, die unser wahres Ich formen?

So bleibt die Frage, ob ein Mensch ohne Schatten wirklich leben kann, nicht nur ein rätselhaftes Motiv in der Literatur, sondern auch ein tiefschürfender philosophischer Diskurs über das Wesen menschlicher Existenz – eine Betrachtung, die sowohl in Chamissos Zeiten als auch heute nichts an ihrer Relevanz eingebüßt hat.

Die Erzählung um »Peter Schlemihl« erlangte schnell Berühmtheit in Deutschland und fand vor allem in England Beachtung. Der Text wurde in zahlreiche Sprachen übersetzt und inspirierte Künstler und Schriftsteller weit über die Grenzen Deutschlands hinaus.

Der rastlose Geist Chamissos treibt ihn weiter, und so zieht er von 1815 bis 1818 die metaphorischen Siebenmeilenstiefel an, um an einer Weltumseglung teilzunehmen, geleitet vom Sohn des Dichters August von Kotzebue. Auf dieser Reise, die ihn zu den unberührten Küsten Alaskas und den geheimnisvollen Lebensweisen der Inuit und Aleuten führt, findet Chamisso nicht nur neue wissenschaftliche Erkenntnisse, sondern auch eine tiefe innere Beruhigung. Seine umfassenden Berichte über diese Expeditionen bringen ihm die Ehrendoktorwürde ein und festigen seinen Ruf als ernstzunehmender Wissenschaftler.

Zurück in Berlin, findet Chamisso eine Anstellung als Kustos am Botanischen Garten, eine Position, die ihm nicht nur finanzielle Sicherheit, sondern auch den Raum bietet, seine botanischen Studien zu vertiefen. Die Jahre in Berlin sind geprägt von literarischem Schaffen und wissenschaftlicher Forschung. 1831 erscheint sein erster Lyrikband, gefolgt von der Herausgabe des »Deutschen Musenalmanach« zusammen mit Gustav Schwab. Seine Dichtung »Das Riesenspielzeug« festigt seinen Ruf als Meister der Ballade.

Doch das Schicksal, das ihn einst aus der Champagne vertrieben hatte, holt ihn auch in Berlin ein. Am 21. August 1838 erliegt Adelbert von Chamisso, der Dichter, Weltreisende und Botaniker, einem Lungenkrebsleiden.

Seine Geschichte vom verkauften Schatten inspiriert viele künstlerische Werke, darunter die eindrucksvollen Farbholzschnitte von Ernst Ludwig Kirchner, der 1915 einen siebenteiligen Zyklus schafft. Kirchner sieht in Schlemihl eine Parallele zu seiner eigenen zerrissenen Existenz, besonders während seiner Zeit im Militärdienst, und nutzt die Erzählung, um seine inneren Konflikte und seine Kritik an der Gesellschaft zu artikulieren.

Was Chamisso einst als Kindermärchen begonnen, ist heute ein literarischer Schatz, der die unermesslichen Tiefen der menschlichen Seele erforscht und eine Brücke schlägt zwischen der Vergangenheit und den gegenwärtigen Herausforderungen des menschlichen Daseins.

DER STUMME GRAF

Langsam erlischt das Licht. Erste Filmsequenzen flimmern stumm über die große Leinwand. Das Publikum lauscht gespannt. Plötzlich erwacht am Flügel ein Pianist: Graf von Bothmer spielt wie elektrisiert und erweckt den Film zum Leben, als Hauptattraktion des Abends.

Von Charlie Chaplin über Laurel & Hardy bis zu Klassikern wie »Metropolis« und anderen wiederentdeckten Stummfilm-Juwelen zeigt der Stummfilmpianist Stephan Graf von Bothmer, wie Musik einen Film verwandeln kann. Seine Kunst begeistert ein stetig wachsendes Publikum.

Stephan Graf von Bothmer macht Stummfilm zum Event und belebt damit die vergessene siebente Kunstform neu. Das stumme Kino, einst in den Goldenen Zwanzigern als populärstes Unterhaltungsmedium etabliert, hatte sich auch den Status einer eigenen Kunstform erkämpft.

Die visuelle Ausdruckskraft der Regisseure und Schauspieler jener Zeit bleibt bis heute unübertroffen, doch der Tonfilm drängte diese Kunst bald in den Hintergrund. Wie ein Zeremonienmeister beschwört der Graf in seinen Stummfilm-Konzerten den Charme der Vergangenheit und begeistert mit der Macht der Musik. Auf fünf Kontinenten ist er aufgetreten und hat über 600 Stummfilme vertont.

Von Bothmer ist ein unermüdlicher Enthusiast. Frühmorgens eilt er in Düsseldorf zur Live-TV-Sendung »Volle Kanne«, dann zurück nach Berlin. Unterwegs regelt er telefonisch Organisatorisches, vereinbart Termine und betreut die sozialen Medien. Trotz der üblichen Verspätung der Bahn wartet am Berliner Hauptbahnhof ein Fahrzeug, das ihn schnellstmöglich zum nächsten Termin bringt – ins Potsdamer Fernsehstudio des RBB, wo er in letzter Sekunde für ein Interview über sein Stummfilmfestival in der Berliner Passionskirche ankommt. In seinem Büro herrscht indes geschäftiges Treiben: Telefone klingeln, Computer glühen, Pakete mit Werbematerialien stapeln sich.

Seit Jahren ist Stephan Graf von Bothmer eine Institution im Bereich des musikalisch begleiteten Stummfilms. Lange bevor er die Stummfilmwelt kannte, begann er, seine eigene Art der Filmmusik zu entwickeln. Seinen ersten Stummfilm vertonte er eher zufällig vor 20 Jahren. Das Konzertvideo verschickte er auf VHS an verschiedene Veranstalter, und der Erfolg kam Schlag auf Schlag.

Früher war es unüblich, den Pianisten anzukündigen – nur der Film wurde genannt. Von Bothmer schlug vor, dies zu ändern, damit das Publikum gezielt zu ihm oder zu anderen bevorzugten Musikern kommen konnte. Aus dieser Klarheit folgte seine Popularität.

Anfangs war es üblich, einen Filmwissenschaftler vor der Vorführung sprechen zu lassen, was das Publikum oft abschreckte. Der Film stand im Vordergrund, während der Pianist im Dunkeln saß und den Film möglicherweise noch nie gesehen hatte. Von Bothmer wollte mehr bieten. Er bereitete sich vier bis sechs Wochen auf jeden Film vor, um eine hohe filmmusikalische Qualität zu liefern. Sein Anspruch: das Niveau eines klassischen Konzerts. So entstand der Begriff »Stummfilm-Konzert«.

Da sich anfangs niemand für seine Idee interessierte, mietete er auf eigenes Risiko einen Konzertsaal – gleich für sieben Konzerte, um ein wiederkehrendes Publikum aufzubauen. In der Kreuzberger Passionskirche, damals ein beliebter Konzertsaal, zog er die Leute in Scharen an, trotz höherer Eintrittspreise wegen der Mehrkosten. Statt der üblichen zwei Dutzend Besucher kamen plötzlich 200, beim zweiten Konzert schon 220, und bald dreimal 450. Ausverkauft! Da war klar: Er wollte weitermachen.

Der Stummfilm braucht einen Enthusiasten wie von Bothmer. Innerhalb eines Jahres spielte er allein in Berlin 64 Konzerte und entdeckte mit seinem Team auch unbekannte Filme. Vielfalt ist ihm wichtig: Wer sechs Konzerte besucht hat, wird zum kleinen Stummfilm-Experten. Doch Filmlizenzen, Saalmieten und Werbung sind teuer geworden. Um Filme wie »Nosferatu« zu zeigen, muss er tief in die Tasche greifen, denn die Rechte sind noch nicht abgelaufen und werden teuer gehandelt. Eine geplante Tournee durch große Hallen, die dem Stummfilm-Genre neuen Stellenwert gegeben hätte, scheiterte an den hohen Lizenzkosten.

Gern würde Graf von Bothmer mit Rechteinhabern ein neues Veranstaltungs- und Vermarktungskonzept besprechen, das er entwickelt hat und das auch die Digitalisierung weiterer Filme umfasst. Er lernt, sich nicht nur als Pianist, sondern auch als Anbieter kompletter Shows zu vermarkten, die er auf Veranstaltungsmessen anbietet. Doch die Abwicklung der Filmlizenzen bleibt problematisch, da er oft erst am Aufführungstag den Preis erfährt und diesen bereits auf Messen nennen muss, was die Planung erschwert.

Von Bothmer zeigt Filme ohne »kollektives Unterbewusstsein« und geht damit ein höheres Risiko ein als mit berühmten Stummfilmen. Er entdeckt Filme, die seit Jahrzehnten in Archiven schlummern und beweist, dass sie ein Publikum finden – dank seiner musikalischen Interpretation.

Sein unternehmerisches Konzept besteht darin, Städten, Gemeinden und kommunalen Einrichtungen ein Gesamtpaket zuzüglich Lizenzkosten anzubieten. Oft ist es ein Konzept für einen speziellen Ort oder eine Ausstellung.

Parallel dazu möchte er Neues zeigen, wenn er selbst Veranstalter ist. Dazu gräbt er ständig Neues aus, wie einen Martin-Luther-Film, der nur dank seiner privaten Mittel eine Premiere erlebte. Alte Filme müssen restauriert werden, um aufgeführt werden zu können.

Als selbstständiger Veranstalter kann von Bothmer seine Shows eigenständig weiterentwickeln. Er zeigt Vorfilme, wie Kinowerbung von 1912 oder coole Animationsfilme, was den Charakter eines Varietés hat.

Der stumme Graf liebt den Genre-Gegensatz: Zu einem Space-Abenteuer passt ein poetischer Vorfilm, zu einer Tragödie ein lustiger Clip. Kurze Filme zu begleiten ist schwieriger, da man exakt auf den Punkt sein muss, was virtuos ist und vom Publikum entsprechend honoriert wird.

Seine Shows entwickeln sich weiter. Bei »Metropolis« baut er sogar ein Feuerwerk beim großen Untergang ein, was dem Film einen speziellen Touch gibt und das Erlebnis für den Zuschauer tiefer und spektakulärer macht.

Um das Publikum zu locken, braucht man Gassenfeger wie Stan-und-Olli-Programme (Dick und Doof), »Berlin, Symphonie einer Großstadt« und »Nosferatu«. Begeisterte Zuschauer können dann auch die echten Meisterwerke genießen.

Thema einer Show war »50 Jahre Mondlandung«, bei der er sechs Science-Fiction-Filme ins Programm packte, darunter den russischen Kult-Klassiker »Aelita«. Die Romanvorlage von Alexej Tolstoi beeinflusste die russische Weltraumaffinität, und der sowjetische Vorsprung in der Raumfahrt motivierte wiederum die Amerikaner zur Mondlandung.

»Algol«, ein deutscher Film von 1920, zeigt Emil Jannings als Grubenarbeiter, der durch eine Maschine vom Planeten Algol unerschöpfliche Energie gewinnt und damit mächtig wird, aber die Welt ins Unglück stürzt.

Der Stummfilm »Das Wunder der Schöpfung« zeigt die faszinierenden Schauspiele der Erde und des Weltalls, ähnlich einer Planetariumsprojektion, und endet mit der Relativitätstheorie – der ersten filmischen Erwähnung von Einsteins Theorie, mit einer fiktiven Reise in Lichtgeschwindigkeit und den damit verbundenen Phänomenen.

Ein anderes Mal veranstaltet der musizierende Graf einen Marathon und begleitet 30 Stunden lang Stummfilme, gestärkt durch die positive Energie des Publikums, die süchtig machen kann.

Die Frage nach der »richtigen« Filmmusik stellt sich. Gustav Holsts Planeten-Suite gilt als Vater der Filmmusik. Der Soundtrack zu »Star Wars« erinnert an ihn. In Filmen wie »Algol« stellt von Bothmer das Stampfen der Maschine auf dem Klavier dar und macht die Macht der Technik hörbar. Das Publikum kann im prosaischen Sinne das Schmieröl riechen. Von Bothmer spielt auch leise in Moll, weil er sich klein fühlt gegenüber der gigantischen Maschine. Beides vermittelt die übermächtige Kraft der Technik, die Faszination, das Bezwingen der Naturgewalten, den menschlichen Größenwahn und das hilflose Staunen des Betrachters – auf vollkommen gegensätzliche Weise.

Von Bothmers Kompositionen sind wie Netze mit verschiedenen Optionen. Welche Musik er zu den jeweiligen Szenen spielt, entscheidet er jeden Abend neu, je nach Energie des Publikums. Jugendliche bevorzugen das Stampfen der Maschine, ältere Semester mögen komplexere Darstellungen. Der Künstler wechselt zwischen mechanischer Kraft und musikalischer Emotionalität, immer darauf bedacht, das Publikum mitzunehmen. Das bereitet ihm großen Spaß. Mal spielt er ein Vogelmotiv, das der Zuschauer nicht sieht, aber unbewusst wahrnimmt: Die industrielle Revolution verdrängt die Natur. Diese politische Erkenntnis steckt im Film und wird durch die Musik freigelegt.

Der Musiker nutzt die suggestive Kraft geschickt. Er sendet Doppelbotschaften, denn Klänge werden tiefer aufgenommen als Bilder und sprechen den Rezipienten über sein Bauchhirn an. Der Künstler arbeitet zweisprachig und kann mit den Händen unterschiedliche Stimmungen erzeugen. Von Bothmer übermittelt mit Musik Texte. Für ihn ist Filmmusik mehr als Verstärkung von Gefühlen, sie ist Subtext, der die Handlung begründet.

Der Workaholic organisiert seine Konzerte allein, von der Vorbereitung über das Marketing bis zur Durchführung. Als Lehrer investiert er viel Energie in Praktikanten, die jedoch meist weiterziehen. Inzwischen hat er eine Mitarbeiterin, doch das Delegieren fällt ihm schwer. Das Projekt ist komplett auf ihn zugeschnitten, jede Show anders, mit unterschiedlichen Herausforderungen, die seine jahrelange Erfahrung erfordern.

In der Presse wird Graf von Bothmer oft als Stummfilmpianist bezeichnet. Er selbst nennt sich lieber Pianist und Komponist. Seine Technik, einen Film zu vertonen, will den Zuhörer regelrecht in den Film einsaugen.

Anders als klassische Pianisten, die ihr Stück spielen, egal was das Publikum tut, hört er auf die Zuschauenden und reagiert, denn letztlich übersetzt er den Film für sie. Er spürt anhand der Reaktionen, ob er sie packt. Statt eine feste Filmmusik zu erstellen, entwickelt er die Musik live, jeden Abend neu. Für jede Szene hat er mehrere Varianten, zwischen denen er blitzschnell wechseln kann. Diese Flexibilität hat ein klassischer Filmkomponist nicht. Es geht ihm nicht um das Abspielen eines Stücks, sondern er schafft einen Kommunikationsvorgang zwischen Menschen, eine spontane Sache von Millisekunden.

Komponist, Pianist und Filmmusiker sind verschiedene Tätigkeiten. Als Komponist setzt Stephan Graf von Bothmer bewegte Bilder um, als Pianist spielt er diese, aber der

Filmmusiker entscheidet, wohin die Reise geht. Der Meister atmet synchron mit den Filmschauspielern und erzeugt damit eine intensive Nähe. Jeden Abend probiert er an der Klaviatur Neues und arbeitet oft mit Archetypen. Diese anspruchsvolle Technik ist das Alleinstellungsmerkmal des stummen Grafen.

DER SÜNDIGE BRUDER GRIMM

In vielen Familien gibt es ein schwarzes Schaf. Das trifft auch auf das Haus der Gebrüder Grimm zu, von der die Nachwelt glaubt, es seien nur zwei Brüder gewesen.

Ferdinand hieß das schwarze Schaf der berühmten Grimm-Familie, bekannt für seine unkonventionelle Lebensweise und seine Vorliebe für das Ursprüngliche. Während seine Brüder Wilhelm und Jacob als die bekannten »Brüder Grimm« Reichtum und Weltruhm erlangen, bleibt Ferdinand der unbekannte Bruder, der ein ärmliches und von der Familie wenig beachtetes Leben führt. Zu allem Überfluss ist Ferdinand auch noch homosexuell, was in jener Zeit auf große Ablehnung stößt und ihm den Spott seiner Verwandten einbringt.

Wilhelm und Jacob Grimm hinterließen mit ihrem »Deutschen Wörterbuch« in 33 schweren Bänden und der Sammlung von »Kinder- und Hausmärchen« ein beeindruckendes literarisches Erbe. Ihr Wörterbuch, ein monumentales Werk der deutschen Philologie, einst für hohe Summen gehandelt, ist inzwischen im Internet frei zugänglich. Das Wörterbuch wurde nach ihrem Tod weitergeführt, doch die eigentliche Anerkennung gebührt den Brüdern Grimm für ihre immense Fleißarbeit.

Die berühmte Märchensammlung der Brüder Grimm wurde von Jacob und Wilhelm sorgfältig bearbeitet, um sie für ein breites Publikum zugänglich zu machen. Im Gegensatz dazu bewahrte Ferdinand eine direktere und mitunter deftigere Erzählweise, die näher an den ursprünglichen Volksmärchen liegt. Er sammelt seine Geschichten persönlich und notiert sie in einer Art, die den genuinen Ausdruck und die Aussage der Erzählungen konserviert.

Ferdinand Grimm, der oft als Korrektor tätig ist, unterstützt seine Brüder bei der Sammlung der Volksmärchen und erhält im Gegenzug finanzielle Unterstützung von ihnen. Er veröffentlicht seine eigenen Sammlungen unter verschiedenen Pseudonymen, darunter Lothar, Philipp von Steinau und Friedrich Grimm. Seine Werke bieten einen Einblick in eine ältere Erzähltradition und zeichnen sich durch ihre lebendige und unverblümte Sprache aus.

Ein Beispiel seiner Erzählkunst ist die prachtvolle Geschichte »Der Zauberer«, in der Ferdinand eine Stadt beschreibt, die sich nach einem Grusel sehnt, um der Langeweile zu entkommen. Die bevorstehende Verbrennung eines Zauberers wird zum Ereignis des Jahres, bis dieser trickreich entkommt und die Bevölkerung in helle Aufregung versetzt.

Ferdinands lebendige Schilderungen und seine sprachliche Qualität erinnern an den späteren Charles Dickens. Es ist pures Lesevergnügen, in seiner Geschichte die Karawanen der Schaulustigen vor der Stadt parken zu sehen, um sensationsgeile Touristen auszuspucken, die am Tag des großen Ereignisses die Gassen der Stadt verstopfen und zu allerlei Gedränge führen.

Für Liebhaber literarischer Märchen bietet Ferdinand Grimm eine reizvolle Alternative zu den bekannteren Geschichten seiner Brüder. Eine bemerkenswerte Episode aus seinem Leben ist die Zeit, die die Brüder Grimm bei ihrer Tante in Kassel verbrachten.

Ferdinand beschreibt diese Begebenheiten in seinem Text »Tante Henriette« aus der »Mitternachtszeitung für gebildete Stände«, in dem er das gesellige Leben seiner Tante mit scharfer Beobachtungsgabe und spitzer Zunge darstellt.

Jacob und Wilhelm Grimm nehmen Ferdinand seine offenen und prall gefüllten biografischen Texte, in denen auch sie selbst vorkamen, übel. Trotz finanzieller Unterstützung bieten sie ihm nie die Möglichkeit, als Schriftsteller erfolgreich zu werden. Dieser »Liebesentzug« wird auch im Nachruhm spürbar.

Seit 1975 führt die Deutsche Märchenstraße als eine Ferienroute von der hessischen Grimm-Geburtsstadt Hanau im Kinzigtal über 600 Kilometer bis ins norddeutsche Bremen, der Stadt der Bremer Stadtmusikanten. Die »Grimm-Stadt« Hanau stellt in ihrem Denkmal am Markt die berühmten beiden Grimms vor. Bruder Ferdinand wird ausgeblendet. Und auch in »GrimmsMärchenReich« im rechten Seitenflügel von Schloss Philippsruhe, dem ersten Brüder-Grimm-Mitmach-Museum in Deutschland, sucht man vergeblich nach dem 1790 geborenen bunten Vogel.

Mit der Kasseler »Grimmwelt« wurde den Brüdern Wilhelm und Jacob ein Denkmal gesetzt. Die dort ausgestellten Handexemplare der Kinder- und Hausmärchen der Brüder Grimm stehen inzwischen auf der Liste des Weltdokumentenerbes. Diese beiden Bände der ersten (1812) und der zweiten (1815) Auflage sind für die Kulturgeschichte bedeutend, weil sie handschriftliche Eintragungen enthalten und so den Entstehungsprozess der Kinder- und Hausmärchen dokumentieren.

Doch selbst in Kassels »Grimmwelt« erfährt man wenig über Bruder Ferdinand. So werden verwaltungsseitig auch der Brüder-Grimm-Platz und die Brüder-Grimm-Straße in Kassel ausdrücklich Jacob und Wilhelm Grimm zugeschrieben. Vom »bösen« Bruder gibt es dort ebenso wie in Hanau keine Spur.

DER ERFINDER DES FAHRRADS

Das Jahr 1813 ist in vielerlei Hinsicht für den weiteren Verlauf der deutschen Geschichte ausschlaggebend. Preußen und seine Verbündeten stehen vor der Befreiung von der französischen Unterdrückung. Die »Grande Armee« Napoleons muss einen Schlag nach dem anderen hinnehmen, denn die Völker Europas sind die Fremdherrschaft leid.

Am 18. Oktober 1813, gegen 16 Uhr, erleidet die Armee des stolzen Kaisers vor den Toren der Messestadt Leipzig ihre endgültige Niederlage. Diese ist als »Völkerschlacht bei Leipzig« ein denkwürdiger Moment in der deutschen Geschichte und den historisch Interessierten wohl bekannt.

Das Jahr 1813 wird nicht nur weitreichende Auswirkungen auf die »große« Politik haben. Am 22. Dezember berichtet das »Badische Magazin«, dass der Kammerjunker und Forstmeister Freiherr von Drais einen von ihm konstruierten mechanischen Wagen dem russischen Zaren Alexander I. vorgeführt habe. Dies geschah, als der Zar auf dem Weg zum Wiener Kongress (1814/15) bei seiner Schwiegermutter, Markgräfin Amalie, in Karlsruhe Station machte. Der beeindruckte Monarch schenkte dem Konstrukteur zum

Dank für das ihm bereitete Vergnügen einen kostbaren Diamantring.

Was zunächst wie ein flüchtiger Lokalklatsch klingt, erweist sich aus heutiger Sicht als historisch bedeutsam. Der reich beschenkte Konstrukteur, Freiherr Wilhelm von Drais, damals 28 Jahre alt, trägt den Titel eines großherzoglichen badischen Forstmeisters und hat ein naturwissenschaftliches Studium an der Universität Heidelberg abgeschlossen. Ihm ist eine glänzende Karriere vorherbestimmt.

Darüber hinaus macht er als Erfinder Furore. Unter seinen Erfindungen sind eine Tastenschreibmaschine, das »Schnellschreibclavier«, Tageslichtreflektoren für dunkle Räume, eine Fleischhackmaschine und ein Doppelspiegel, der das Sehen um Ecken ermöglicht.

Seine genialste Idee jedoch, die ihn sein ganzes Leben lang beschäftigt und die er 1813 erstmals öffentlich präsentiert, ist eine lenkbare Laufmaschine – der Ahnherr unserer modernen Fahrräder.

Das »Velociped« des Freiherrn von Drais besteht aus zwei hintereinander angeordneten, parallelen Holzrädern, die durch hölzerne Verstrebungen zusammengehalten werden. Auf dieser Konstruktion befindet sich eine sattelähnliche Vertiefung, in der eine Person Platz nehmen kann. Der Fahrer hält eine hölzerne Deichsel in beiden Händen, mit der er das Vorderrad lenkt. Damit schafft er das erste Fahrrad: Mit kräftigen, ausgestreckten Schritten stößt sich der Fahrer vom Boden ab und erreicht so beträchtliche Geschwindigkeiten. Die spontane Begeisterung des Publikums ist groß.

Um seine Erfindung bekannt zu machen, veranstaltet von Drais öffentliche Fahrten und Vorführungen. Im September 1817 gewinnt er eine öffentlichkeitswirksame Wette gegen den Innenminister: In nur vier Stunden legt er die rund 40 Kilometer von Karlsruhe nach Kehl zurück. Zum Vergleich: Die Pferdepost benötigte für dieselbe Strecke die vierfache Zeit.

Bis zu fünfzehn Kilometer pro Stunde zu fahren, gilt damals als Sensation. »Die Laufmaschine von Drais ist eine der wichtigsten Erscheinungen auf dem Gebiet der mechanischen Wissenschaften, über deren Brauchbarkeit beinahe ganz Deutschland in diesem Augenblick zu Gericht sitzt«, lobte die Presse euphorisch.

Das »Hobbyhorse«, so der englische Name des neuen Verkehrsmittels, wird binnen kürzester Zeit weit bekannt und vielfach erworben. Finanzielle Sorgen hat Freiherr von Drais fortan keine mehr.

Moden kommen und gehen. Kaum ist das Fahrrad erfunden, gerät es auch schon wieder in Vergessenheit. Schuld daran sind das damals noch unterentwickelte technische Verständnis und die Kurzsichtigkeit der Epoche.

Am Ende des 18. Jahrhunderts gleichen Straßen in Deutschland eher Kloaken. Seit dem Mittelalter wurden sämtliche Abfälle rücksichtslos auf die Verkehrswege gekippt, und man überließ es dem Regen, die Straßen zu fegen. Pferde werden im Nahverkehr und Ochsen im Fernverkehr eingesetzt, die sich mühsam ihren Weg durch das Schlammchaos bahnten.

Für das Laufrad des Freiherrn von Drais ist in diesem Durcheinander kein Platz. Die Räder versinken im Morast, und ein Schlagloch reiht sich ans nächste.

In Frankreich gibt es zu dieser Zeit bereits besser ausgebaute Wege. Um dem lebenslustigen Adel ein angenehmeres Reisen in ihren leichten Equipagen zu ermöglichen, hat man dort den Straßenbau perfektioniert.

Straßen? –

Johann Wolfgang von Goethe spottet in seinem Werk »Dichtung und Wahrheit« über die gepflasterten Straßen Frankreichs: »In einem gewissen Lande habe ich einen Weg gefunden, den man mit hochstehenden, harten Steinen ausgelegt hatte, und diesen Einfall nannte man Chaussee.«

Ähnlich kurzsichtig wird von Drais und seine als »sinnlos« verspottete, weil unpraktikable Erfindung des Laufrades kritisiert. Das Interesse am Fahrrad erlischt rasch.

Der geniale Erfinder wird in den Wahnsinn getrieben. Wilhelm von Drais stirbt 1851 isoliert, doch bis zu seinem einsamen Ende bleibt er unerschütterlich von der Brillanz seiner Erfindung überzeugt. Bis heute erinnert die nach ihm benannte »Draisine« an eine seiner bahnbrechenden Schöpfungen.

Der Lauf der Zeit brachte auch das Fahrrad wieder in Trab. In vielen europäischen Ländern eifern Tüftler und Konstrukteure von Drais nach. Geschäftstüchtige Zeitgenossen beginnen mit der Serienproduktion der Laufräder und einer entsprechenden Werbung, die bei der Bevölkerung ankommt. Fahrschulen schießen aus dem Boden, die ersten Radläufer zu unterrichten. Elegante Laufmaschinen, speziell auch für Damen, werden gefertigt. Doch der technische Fortschritt rast den Laufrädern davon.

Schon bald beginnen Erfinder daher mit der Konstruktion mechanischer Antriebe für Zweiräder. Bei den ersten Modellen musste der Fahrer einen Hebel an der Lenkstange vor- und zurückziehen, um das Rad durch rhythmisches Pumpen zu bewegen.

Philipp Moritz Fischer (1812–1890), ein Instrumentenmacher aus Oberndorf bei Schweinfurt, baut auf das Werk von Freiherr von Drais auf. Um 1853 montiert er erstmals Tretkurbeln an der Vorderachse seines hölzernen, eisenbereiften Zweirades und erzielt damit Fahrt.

1869 gilt als ein bedeutendes Jahr in der Geschichte des Fahrrades. In Paris errichtet der französische Erfinder Michaux eine große Fahrradfabrik. Ab dem 5. September findet dort zudem eine internationale Fahrradausstellung statt, die eine Fülle an ungewöhnlichen Konstruktionen präsentiert. Diese beinhalteten Ganzmetallmaschinen, Rohrrahmen, Eisenfelgen mit Drahtspeichen, Vollgummireifen, Vorderradbremsen, Kotflügel und Kugellager, die in späteren Jahren bedeutend werden sollen.

1874 versucht der Brite James Starley, mit einem Werbegag für seine Räder Aufmerksamkeit zu erregen. Er konstruiert ein Riesenrad mit einem Durchmesser von 2,30 Metern, auf dem er schwebt. Dies lässt die Schickeria erblassen. Von da an werden Hochräder zu snobistischen Statussymbolen. Es entstehen immer neue Stahlrösser. Ambulanzen und Feuerwehren nutzen speziell konstruierte Mannschafts- und Transporträder.

Künstler schaffen kunstvolle Drehkäfige sowie Ein-, Doppel- und Mehrfachräder. Der Amerikaner Lewis H. Harper bringt es 1869 zur Perfektion und fährt in einem mit Speichen umschlossenen Riesenrad, das er mit Tretkurbeln antreibt. Diese und andere Erfindungen wie Eis-Schlittenräder und Amphibien-Dreiräder werden jedoch ihre Bewährungsproben nicht bestehen.

Das ursprünglich als friedliches Fortbewegungsmittel konzipierte Fahrrad wird 1897 auch für militärische Zwecke eingesetzt, als das deutsche Heer das Klappfahrrad einführt. Doch dieses individuelle Verkehrsmittel fügt sich schlecht in den militärischen Drill ein. Die »Militärradfahrer« werden von der Bevölkerung verspottet.

Bald darauf kehrt das Rad zu seiner friedlichen Nutzung zurück. Um die Jahrhundertwende sind die Fahrräder baugleich mit Rädern unserer Tage. Natürlich gibt es noch eine endlose Vielzahl von Details zu entwickeln und zu vervollkommnen. Die Einrichtung des Freilaufs und der Rücktrittbremse, die Entwicklung von Kurbeln, Ketten und Kardanwellen melden sich aber bereits an.

Vom Holzrad entwickelt sich das Fahrrad weiter zum Luftreifen, den Dunlop entscheidend verbessert. Während Freiherr von Drais seine Fahrzeuge mit Kerzenlampen beleuchtete, kommen um 1878 Öl- und Petroleumlampen zum Einsatz. Im Jahr 1905 startet die Serienfertigung der elektrischen Radleuchte.

Der Fahrradsattel wird mit Federung und Elastizität verbessert, Radglocken und Geschwindigkeitsmesser kommen auf – nicht zuletzt, um Gefahren und Strafen zu vermeiden. Das Fahrrad ist kontinuierlich perfektioniert worden.

In einer Ära von Computern, Raumfähren und schnellen Automobilen schien das Fahrrad in unseren Breiten in Vergessenheit zu geraten. Lediglich die Niederländer galten als fahrradbegeisterte, etwas rückständige Nation.

Diese Wahrnehmung hat sich jedoch in den letzten Jahren grundlegend gewandelt. Nach ausgedehnten Entdeckungen in ferne Welten rückt die nähere Umgebung wieder ins Blickfeld. Das Bewusstsein für den Wert unverfälschter Natur wächst.

Radfahren ist nicht nur eine alternative Fortbewegungsform, sondern auch kräftigend, kostengünstig und gesund. So fühlen sich viele motiviert, ihren Drahtesel zu entrosten und auf neue Touren zu gehen.

In allen größeren Städten gibt es mittlerweile spezielle Fahrradbüros und Karten für Radfahrer. Gerichte fällen strengere Urteile, um die Gleichberechtigung von Fahrrädern im Straßenverkehr zu gewährleisten. Fahrräder kennen keine Warteschlangen an Tankstellen und müssen sich nicht mit der Suche nach Parkplätzen in der Innenstadt auseinandersetzen. Wer nicht ständig auf die Uhr schaut, findet oft automatisch zum Fahrrad zurück.

»Die Zukunft gehört dem Fahrrad«, prophezeite einst Freiherr von Drais. Er hat sich als weitsichtig erwiesen. Ob der Visionär jedoch ahnen konnte, dass Jugendliche wegen der Marke ihrer Fahrräder untereinander in Konflikte geraten würden? In der ehemaligen DDR beispielsweise wurde in Jugendkreisen abgewertet: »Wer Mifa fährt, ist Dresche wert. Nur Diamant wird anerkannt.«

Man könnte sich fragen, warum solche Sticheleien über Marken überhaupt eine Rolle spielen. Es ist allerdings mehr als ein bloßer kindischer Wettstreit; es spiegelt tiefere gesellschaftliche Werte und die menschliche Neigung wider, sich durch materielle Dinge zu definieren und abzugrenzen. Diese Tendenzen sind keineswegs auf die Vergangenheit oder spezielle Regionen beschränkt. Überall auf der Welt nutzen Menschen Objekte, um ihren sozialen Status zu signalisieren – sogar mit einem so relativ simplen Gegenstand wie einem Fahrrad.

Dies verdeutlicht, wie tief die Mobilität in unserem sozialen Leben verwurzelt ist. Ein Fahrrad ist nicht nur ein Fortbewegungsmittel; es ist auch ein Symbol für Zugehörigkeit und Ausgrenzung. In einer Zeit, in der sowohl Umweltbewusstsein und soziale Gerechtigkeit wieder stärker in den Fokus rücken, öffnet uns das eine Tür, um über eine Mobilität nachzudenken, die nicht nur grüner, sondern auch gerechter ist.

Das Fahrrad, einst ein schlichter Drahtesel, wird so zum Brennglas gesellschaftlicher Trends und Herausforderungen. Es zeigt uns, wie eng Technik und Gesellschaft miteinander verflochten sind und fordert uns auf, beides besser zu verstehen und zu gestalten.

So zeigt sich, dass Freiherr von Drais nicht nur als Pionier der Mobilität, sondern auch als unfreiwilliger Vorreiter in der Diskussion um gesellschaftliche Werte und Zugehörigkeit gesehen werden kann, deren Echo bis in unsere heutige Zeit hallt.

Somit bleibt das Fahrrad, die Erfindung des Freiherrn von Drais, nicht nur ein technologischer Meilenstein, sondern auch ein unübersehbares Symbol für die sich wandelnden Werte und Entwicklungen unserer Gesellschaft.

DER JESUS VOM ARENDSEE

Mit schulterlang wallendem blondem Hippiehaar steht die schlank gewachsene Erscheinung am Ufersaum des Arendsee und predigt. »Ich komme zu euch in Frieden«, ruft die in eine Tunika aus hellem Leinen gekleidete Gestalt.

Das unbefleckt wirkende Geschöpf vor dem buchtenlosen See hält eine schneeweiße Rose in der Hand: ein Bildsymbol der Unschuld, ein Bekenntnis zur unvergänglichen Liebe. Flankiert von jungen Mädchen, die Fahnen mit dem Schriftzug »Jesus« tragen, schreitet die Gestalt an Land und setzt sich an ein Harmonium.

Ein Choral erklingt, ein samtener Bariton stimmt an, und hunderte Zuschauer, die dem seltsamen Schauspiel gebannt folgen, singen inbrünstig mit.

Der Kalender meldet den 10. Juli 1910. Es ist Sonntag. Die Sonne lacht vom Himmel. Der Mann, der wie Jesus wirkt, eröffnet an diesem Tag am Arendsee feierlich ein Seegrundstück, das er »Paradiesgarten« nennt. Es handelt sich um den Naturmenschen, Wanderprediger, Liedermacher und Gedichteschreiber Gustav Nagel, genauer: um »gustaf nagel«, wie sich der Sonderling mit dem Hang zu eigenwilliger Orthografie selbst schreibt.

Der 36-jährige Gustav Nagel ist längst weit über die Grenzen des Landes bekannt und zugleich der beste Steuerzahler von Arendsee. Zehntausend zahlende Besucher kommen, um den Sonderling und seinen Garten Eden zu sehen. Der »Tempelwächter von Gottes Gnaden« zeigt ihnen das von ihm eigenhändig gebaute Harmoniumhaus, wo er komponiert und Schüler im Klavierspiel unterrichtet. Er präsentiert ein aus Stein errichtetes »Schwanenhäuschen« und seinen ersten Bau, das »Seemannsgrab«. Dabei handelt es sich um einen mit einem kleinen Birkenzaun eingefassten Grabhügel, worauf ein Holzkreuz, Herz und Anker Glaube, Liebe und Hoffnung symbolisieren.

Der am 28. März 1874 geborene Gastwirtssohn Gustav Nagel weigert sich, den Regeln der Gesellschaft zu gehorchen. Er lässt seine Haare wachsen, trägt einen Lendenschurz und geht selbst bei hartem Frost barfuß. Der Naturapostel lebt in Erdhöhlen, ernährt sich vegetarisch und pflegt zu allem Überfluss eine eigene Rechtschreibung. Die Leute im Luftkurort Arendsee in der Altmark halten ihn für einen Sonderling. Das Amtsgericht entmündigt ihn 1900 kurzerhand.

Nagel hat gute Gründe für seinen Gesundheitswahn. Als Kind war er todkrank, Allergien und Schwindsucht quälten den Knaben. Die besorgte Mutter schreibt an den berühmten Arzt Sebastian Kneipp. Der verordnet ihm Wasserkuren, frische Luft und eine heilkräftige Ernährung. Die Ratschläge des selbst von der Tuberkulose genesenen »Wasserdoktors« fruchten. Nagel gesundet und propagiert künftig Kneipps Kurvorschläge.

Der Naturmensch unternimmt gemeinsam mit seinem Hund Struppi ausgedehnte Wanderungen durch Thüringen und Sachsen. Er predigt von der Heilkraft der vegetarischen Ernährung, des Wassers, der Luft und des Lichtes, hält Vorträge über gesunde Lebensweise und ernährt sich vom Verkauf von Autogrammkarten. Ein Zeitgenosse beschreibt am 27. November 1900 die ungewöhnliche Erscheinung: »Kam da einer barfuß und barhaupt, lang wallte ihm das Haupthaar über Schultern und Rücken und über sein einziges Kleidungsstück, ein braunes Stück Tuch, in der Rechten trug er ein Fähnlein. Der Wunderliche war der weltbekannte Höhleneinsiedler der Altmark, der Naturmensch ›gustaf nagel‹. Die Schuljugend umschwirrte ihn bald und schwärmte um ihn her. Der Seltsame verkaufte Postkarten mit seinem Bilde, und viele flüsterten: ›Wie der Herr Jesus!‹ Gen Osten zog der schwärmende Naturapostel davon.«

Nagel zieht zahlreiche Menschen in seinen Bann. In Berlin besuchen bis zu 1.500 Zuhörer seine Vorträge. Der Wandervogel bricht zu einer Pilgerreise nach Jerusalem auf, besucht Bethlehem und Jaffa. Immer wieder trifft er auf ähnlich eingestellte Käuze, so auch den berühmten

Maler und »Kohlrabi-Apostel« Karl Wilhelm Diefenbach auf Capri. Der in Sandalen und Kutte auftretende Künstler gilt als Urvater der Alternativbewegung und einer der bedeutendsten Vorkämpfer der Lebensreform, der Freikörperkultur und der Friedensbewegung. Bei ihm fühlt sich Gustav Nagel willkommen.

Er besucht die von dem Diefenbach-Schüler Gusto Gräser errichtete Reformsiedlung auf dem Monte Verità in Ascona. Diese Außenseiterkolonie in Form einer Landkommune wurde seinerzeit als Gral der Moderne apostrophiert und fand viele Fans.

Zurück von seinen Reisen verwirklicht Nagel auf seinem Seegrundstück in Arendsee einen Traum. In mühsamer Handarbeit erschafft er aus Muschelkalk, Felsbrocken und Schlacke ein Sonnen- und Brausebad, dazu eine Tempelanlage mit Trinkhalle, Schwanen- und Harmoniumhaus. Hier wohnt er mit seiner Frau und den drei Söhnen, die ebenso wie er barfuß gehen. Die Familie ist musikalisch, sie macht Hausmusik und gibt Musikunterricht.

Als Gustav Nagel 1910 seinen »Paradiesgarten« eröffnet, sitzen seine Kinder in einem Häuschen am Eingang. Sie verkaufen Eintrittskarten, Postkarten, selbst verlegte Bücher mit Texten des Vaters, Äpfel aus dem eigenen Garten und Säfte. Die Besucher zahlen gern für das Erlebnis, das Allerheiligste des wunderlichen Naturapostels besichtigen zu dürfen. Mehrfach versucht die Behörde, ihn ein weiteres

Mal zu entmündigen. Und immer bietet der »Verrückte« Gegengutachter auf, die ihm Zurechnungsfähigkeit bescheinigen und die Wissenschaftlichkeit seiner Vorträge nachweisen.

1924 geht der *Jesus vom Arendsee* sogar in die Politik. Seine »Deutsche kristliche Folkspartei« bekommt 4.322 Stimmen. Als Hitler und der braune Mob die Macht ergreifen, predigt der Freiheitsapostel gegen die Verfolgung der Juden. 1935 wird daraufhin sein Tempelgarten geschlossen, 1937 erhält er Redeverbot. 1942 werden sein Garten und die dort stehenden Kunstwerke von HJ-Marineschülern zerstört. Nagel tritt als Friedensengel auf und lehnt öffentlich den Krieg ab. Im Juli 1943 holt ihn die Gestapo ab – seine eigene Frau hat ihn denunziert – und verfrachtet ihn ins KZ Dachau. Aufgrund der Proteste aus seinem Freundeskreis verlegen ihn die Nazis später in die Nervenheilanstalt Uchtspringe bei Stendal.

Obwohl von dort kaum jemand lebend zurückkommt, übersteht Nagel die Peinigungen der Nazi-Psychiater. Nach der Befreiung im Mai 1945 kehrt er nach Arendsee zurück. Vom Alter und den Torturen gezeichnet, trägt er ein Siegerkreuz mit der in eigener Orthografie gesetzten Inschrift »in disem zeichen wirst du sigen«. Der Verfolgte des Naziregimes bekommt Extrazuteilungen von Lebensmitteln, die er an bedürftige Kinder verschenkt. Er sendet flammende Friedensbotschaften an die Alliierten und fordert deren Abzug aus Deutschland.

Das wiederum missfällt der sowjetischen Kommandantur, die in der frisch gegründeten DDR das Sagen hat. 1950 wird Nagel erneut in die Nervenheilanstalt Uchtspringe eingesperrt. Seine verzweifelten Entlassungsgesuche stoßen auf taube Ohren. »Der Gedanke, dass jemand um bescheidener Eigenart willen unter Menschen nicht könnte geduldet werden, ist furchtbar und absurd«, schreibt der Dichter Gerhart Hauptmann, der Nagel unterstützt.

Am 15. Februar 1952, kurz vor seinem 78. Geburtstag, versagt das Herz des gütigen Sonderlings seinen Dienst. Unter großer Anteilnahme der Bevölkerung wird der Hippie und Wegbereiter der »Grünen«, Gustav Nagel, in seinem Heimatort beigesetzt.

Nagels einstiges Naturparadies lockt bis heute Besucher aus nah und fern. Inzwischen müht sich ein Förderverein um die Wirkungsstätte. Es wird Geld gesammelt, um den »Seetempel« wiederzuerrichten. Aktivisten vor Ort interviewen letzte Zeitzeugen. Ein Symposium arbeitet alles um den Wunderheiligen auf, was an Material aufgelesen wurde.

Wer dann zum Jesus von Arendsee reist, kommt ihm unmittelbar nahe. Der Geist Gustav Nagels schwebt ungebrochen über dem Energieort, den er einst mit seinen Jüngern schuf. An lauschigen Sommertagen wie an nebligen Herbsttagen und in kristallklaren Frostnächten erscheint bisweilen ein Phänomen: eine barfüßige Gestalt in einer schneeweißen Tunika wandelt mit ausgebreiteten Armen über dem schweigenden Arendsee.

Das behaupten zumindest Arendseer, die den Sonderling persönlich erinnern. Die Identifikation der Bewohner mit ihrem Helden spürt der Besucher von außerhalb spätestens, wenn er im alteingesessenen Papierwarenladen von Kathrin Goyer auf einen Aufkleber trifft. Darauf heißt es: »Sind wir nicht alle ein bisschen gustaf?«

DER AUTOR

Prinz Rupi aka Ruprecht Frieling wurde durch erfolgreiche Sachbücher und Reportage-Bände bekannt. Er gilt als Pionier auf dem Gebiet der Kommunikationskultur. Mit rund 50 Büchern hat der Paradiesvogel der deutschen Autorenszene seine künstlerische Vielseitigkeit bewiesen und mit zwei Bestsellern jeweils eine Auflage von mehr als einer Million Exemplare erreicht.

Prinz Rupi ist Gründer und Herausgeber des ältesten deutschsprachigen Internet-Rezensionsportals *Literaturzeitschrift.de* und produziert *LULU-TV*. Seine *Prinz Rupi Kulturstiftung* fördert nachhaltige Kunstprojekte. Der Autor und langjährige Verleger von mehr als 10.000 Autoren versteht sich als Talentschmied und Ratgeber. Sein Motto lautet: »Folge deinem Stern«.

Prinz Rupi erlangte als einer der ersten deutschen Künstler durch von Künstlicher Intelligenz (KI) erschaffene Werke internationale Anerkennung. Seine Arbeiten sind in Galerien und Museen in Deutschland, den Niederlanden, Spanien und Großbritannien zu sehen.

Über Lob, Kritik und Verbesserungsvorschläge freut sich der Autor: prinzrupi@gmail.com

www.prinz-rupi.de

Bibliografische Information der Deutschen Nationalbibliothek:
Die Deutsche Nationalbibliothek verzeichnet diese Publikation in der Deutschen Nationalbibliografie; detaillierte bibliografische Daten sind im Internet unter
http://dnb.d-nb.de abrufbar.

1. Auflage 2024

www.ultraviolett-verlag.de

Satz, Layout:	Michael Beautemps
Umschlaggestaltung:	Casandra Krammer
Lektorat:	Katja Völkel
Druck:	Transdruk (PL)

ISBN: 978-3-96887-030-4
ISBN: 978-3-96887-031-1 (e-book)